Teach Yourself
SPANISH
Level Three

A complete Spanish course with Audio
Dr. Yeral E. Ogando

Teach Yourself Spanish - Level Three
© 2017 by Yeral E. Ogando
Publisher: Christian Translation LLC
Printed in the USA
Cover Design by SAL media

ISBN 13: 978-1-946249-06-7
ISBN 10: 1-946249-06-8

1. Language Learning 2. Spanish Language

DEDICATION:

This book is dedicated to the Unique and forever-lasting person who has always been there for me, no matter how stubborn I am:
GOD

I also want to dedicate this work to Sharon A. Lavy, who has given me the push I needed to write this book and to YOU (the reader), because you have taken the moment to read this incredible story and without you I would not have been here.

You all have a special place in my heart.

Always.

ACKNOWLEDGMENTS:

Gratitude to my Lord God for giving me the opportunity to write this book; Teach Yourself Spanish, dedicated to God above all, then to my daughters Yeiris & Tiffany, without them, this book would not be possible.

I also want to dedicate this work to all of you, who want to succeed in life and special to Gladys de Contreras, who has helped me through the process of getting the final edition and Franklin Guerra Castro for his talented voice in the audio.

This book has been inspired by all of you, thus providing you with an easy and comprehensive tool to learn the language quickly.

I encourage you to study the content of this book and you will see positive results in short time.

God bless you all

Dios les bendiga

Dr. Yeral E. Ogando

www.aprendeis.com

Table of Contents

Introduction

I have published this method for you to learn this language in a very quick and comprehensive way.

I kindly ask you to take 20 minutes of your time on a daily basis without interruption, so you can concentrate and digest the content of this work.

One of the biggest challenges in learning is to be a Self-Taught person, in other words, learn by yourself, it requires lots of discipline and dedication in your study. To study a full hour every day would make you feel tired and bored very quickly, that's why I recommend to you a minimum of 20 minutes per day and a maximum of 40 minutes per day, therefore, you will be achieving better results.

I wish you good luck in this amazing trip to the world of learning, and remember "Be shameless to speak."

Dr Yeral Ogando
www.aprendeis.com

Before starting

Some people think and even say that you do not need to study the grammar of a language to learn it well. I humbly disagree with them. The non-grammar method could work with children, who have their minds ready for anything that you might feed them with; they have no worries, jobs, problems, so they are ready for it, but for adults with all our worries, responsibilities and most of the time, tired from work; it simply does not work. Our minds are already saturated with all kinds of stuff, so we need a way to really learn the language. After learning more than 10 languages, I have managed to master them and learn them very quickly because I have learned the pattern and short cuts for each language. I have also seen in my many years of teaching experience that you cannot learn a foreign language very well, if you don't know your own language. Thus, as you will see, you will learn your own language while studying a foreign language. This method is about recognizing and learning how to use the patterns on each grammar point.

I do not want you to learn words or phrases by heart, on the contrary, I want you to take your time and learn slowly by understanding each grammar point that I explain in this book. Your challenge is to recognize the patterns that I am teaching you. Once you recognize them and understand the structure of the language, you will improve your learning and speaking skills at a tremendous speed. Once again, pay close attention to the patterns, learn them, study them and then build your own Spanish world and vocabulary.

I am giving you the perfect tool to learn Spanish. You will be surprised to see how fast you can learn to recognize words. The texts in this book are up to date and modern Spanish for this generation, so be ready to improve your skills.

If you still have not downloaded your MP3 Audio files, check our BONUS PAGE for the DOWNLOAD.

I recommend that you always read aloud, so you can listen to yourself and compare the pronunciation with the one in the MP3 Audio. If you have any issues with the pronunciation, remember to check the **Pronunciation Chart.**

Teach Yourself Spanish is a powerful method that combines everyday conversation with real people, through grammar drills along with a vocabulary after every section. Pay close attention to the way people speak.

Grammar Explanations is a section that you need to make sure to understand and digest before moving to the next section. This book has been created to serve as a conversational and grammar at the same time. I have explained in details how to use the grammar in everyday conversation to help you master the language.

Do not forget that it is more effective to study a few minutes a day than to attempt to study a big portion occasionally. Your concentration will be best taken advantage of with 20 minutes of daily study.

Steps on how to use this book for better results

Go to the *BONUS* page for the instructions on how to download the MP3 Audio files. That is your first step. Your best companion and tool "the *AUDIO* file".

Lesson 1 will teach you everything about the alphabet, reading and writing Spanish. Work on lesson one along with the Audio to master the sounds and pronunciation. Take notes of any new words or phrase that you do not understand very well. Once you finish your reading and jotting down the new words and phrases, take a few minutes to review these new words and phrases.

Read the reading for each lesson aloud and try to understand the general meaning of the reading text. You do not need to understand every single word, you just need to have a general idea.

Now you can view the Vocabulary section underneath the reading. Locate the words or phrases that you do not fully understand. Learn them by heart. You will also find remarks and notes indicating pages number where you can learn more about any structure that is not for this unit. Pay close attention to these remarks on the *Word List*.

Now, you are ready to listen the MP3 audio. Make sure you play the MP3 and listen to the pronunciation of the native speakers. Get the gist of the pronunciation and practice it. If possible, try to imitate the pronunciation for any possible word or phrase that you are not sure. Listen to the MP3 audio as many times as possible.

Once you master the **Words List** for this lesson,

you can now move to the **Grammar** section, stated by ⬚ sign. Pay close attention to the words with the **Grammar** symbol. Review them in the text.

You are ready to move to the *A little bit more* section. In this section you will find list of phrases and / or new vocabularies to increase your learning skills. Make sure to learn them very well.

I have created a ***Knowledge Base*** section, where you will find basic information for each country where Spanish is the official language. Since there are 22 countries with Spanish as their official language, you will find a ***Knowledge Base*** on each lesson.

Your final and no less important section is "***Bible Verse***". I have included 22 Bible verses, one for each lesson, so you can conclude each lesson with a blessing and a Word from God to your heart. I have learned that there is no better resource to increase your learning skills and vocabulary as the "***Bible***". Try it and you will find words for every situation, occasion and time.

Make sure to repeat these steps over and over again until you master each lesson. Do not go to the next section if you have not mastered previous one. You MUST be sure you master each lesson before moving on. Your success will depend on following these steps.

Symbols And Abbreviations

Audio Symbol: This indicates that the MP3 Audio download is needed for this section

Dialogue Symbol: This indicates dialogue

Grammar Symbol: This indicates grammar explanations.

A little More Symbol: This indicates we have added a little more information to the lesson.

Lesson 1

Decorando mi Apartamento - Decorating my apartment.

Después de cinco años *me* he graduado en psicología, y nada más graduarme he conseguido un trabajo maravilloso, así que *me* independizaré y conseguiré mi primer apartamento. La compañía para la que he comenzado a trabajar *me* ha enviado por una semana a Paraguay a un congreso de psicología y psiquiatría.

Me hacía mucha ilusión visitar este país cuya artesanía es famosa a nivel mundial, además la oportunidad me caía como anillo al dedo ya que habría de mudarme a mi nuevo apartamento muy pronto. El fin de semana he tenido la oportunidad de hacer la ruta de la artesanía, como me *habría gustado* tener mucho dinero, de haber sido así *habría comprado* tantas cosas que *habría tenido* que pagar una cuota por exceso de equipaje.

Son tantas las cosas maravillosas que vi allí que no *habría comprado* una sola cosa de cada sitio que visité sino tantas como *habrían sido* necesarias para que mi nuevo apartamento pareciera una sala de exhibición.

En Areguá compré un cántaro hecho a mano, que habría de colgar en la cocina, pero de haber tenido dinero *habría adquirido* muchas piezas de la cerámica y la alfarería que allá fabrican los artesanos y que son los pulmones artísticos de estos dos pueblos. En esta ciudad ofrecen además de cantaros, imágenes de animales, alcancías y hermosos pesebres.

Cuando visité Atyrá, descubrí que su fuerte era la talabartería, oí decir que sus artesanos hacen magia con el cuero, aquí adquirí un porta servilletas para la mesa del comedor, pero si hubiera tenido un presupuesto mayor *habría comprado* para mi uso personal billetera, llavero, portafolio, correa. La creatividad de estos artesanos no tiene límite y sus piezas *habrían sido* dignas de usar.

Al llegar a Carapeguá que es el distrito más poblado del departamento de Paraguarí, allí se dedican a los textiles, compre un sobrecama de un material llamado poyvi que nace en sus tierras, de habérmelo podido permitir, *habría traído* a casa una hamaca del mismo material y un mantel de otro producto autóctono de esas tierras, llamado encajeyú.

De Caacupé me he hecho de una hermosa silla tallada para mi escritorio. Pero *habría quedado* prendado de bares, mesas y camas que *habrían sido* una gran adquisición para mi nuevo apartamento. En Itauguá están a la venta laboriosas obras de tejido y de allí me traje un hermoso mantel, pero de haber podido *habría traído* regalos a manos llenas para mi madre y mis dos hermanas, les *habría comprado* camisas, faldas y bellos vestidos tejidos.

Al arribar a Limpio compré una cesta de palma de karanday. Me *habría encantado* comprar también una cartera y una sombrilla del mismo material para mi novia. En Luque, conseguí la más exquisita orfebrería, allí compré pequeños detalles para mis hermanas, aros para ambas, a una de oro y a la otra de plata. Me *habría encantado* tener suficiente dinero, pues *habría invertido* en algunas de sus hermosas piezas de filigrana que aunque muy costosas, valen lo que cuestan por el minucioso trabajo que el artesano *habría invertido* en elaborarlas.

Por último en la ruta de la artesanía visité Piribebuy donde fabrican los más hermosos ponchos y me regalé uno, me *habría gustado* comenzar por allí pues de esa forma no *habría pasado* tanto frío como pasé en el recorrido.

La próxima vez que visite Paraguay iré bien abrigado y con suficiente dinero en los bolsillos para traer todo lo que desee y no estar pensando en lo que *habría* hecho, *habría comparado* o *habría traído*.

Word List – Listado de palabras

Decorando mi Apartamento – Decorating my apartment.

Un trabajo maravilloso – A wonderful job.

Un congreso de psicología y psiquiatría – A Psychology and Psychiatric congress.

Cuya artesanía es famosa – Who's crafts is famous.

A nivel mundial – Wordwide level.

Me caía como anillo al dedo – It fit me perfectly.

Muy pronto. – Very soon.

La ruta de la artesanía – Crafts Itinerary.

Pagar una cuota – Pay a fee

Por exceso de equipaje – Luggage overweight excess

Un cántaro hecho a mano – A hand made jug.

La cerámica y la alfarería – The ceramic and pottery.

Los pulmones artísticos – The artistic lungs. *This is an expression to indicate that they are the main source or creators for this work.*

Imágenes de animales – Animal images (shapes).

Alcancías y hermosos pesebres – Money boxes and cribs.

Que su fuerte era la talabartería – That their strong was the saddlery (Leather goods shop).

Hacen magia con el cuero – They make magic with leather.

Un presupuesto mayor – A major Budget.

No tiene límite – Has no limit.

Dignas de usar – Worth to use.

El distrito más poblado – A more populated district.

Se dedican a los textiles – They dedícate to textiles.

Un sobrecama de un material – A bedspread of a material.

Llamado poyvi – Called Poyvi.

Que nace en sus tierras – That is born in their lands.

Una hamaca del mismo material – A hammock of the same material.

Otro producto autóctono – A native product.

Una hermosa silla tallada – A beautiful carved chair.

Laboriosas obras de tejido – Hard working fabirck work.

Regalos a manos llenas – Full hands gifts.

Una cesta de palma – A palm basket.

La más exquisita orfebrería – The most exquisit gold articles.

Aros para ambas – Gold for both.

Piezas de filigrana – Filigree Works.

Valen lo que cuestan – They are worth their value.

Los más hermosos ponchos – The most beautiful cloth. *A Poncho is a piece of cloth in different colors with a hole in the middle to put in the head and wear it.*

Grammar Explanations – Notas gramaticales

Conditional Perfect – Condicional Perfecto.

When using the *"Conditional Perfect"* you are expressing probability or supposition in the past. It is formed with the conjugation of the verb *"Haber"* in conditional plus the past participle of the verb. It is equivalent to the English *"Would have"*. The conditional perfect describes an action in the past that *"would have"* happened but did not due to some other event.

Condicional Haber		Pasado participio Hablar.
Yo	habría	hablado
Tú	habrías	hablado
Usted	habría	hablado
Él	habría	hablado
Ella	habría	hablado
Nosotros	habríamos	hablado
Ustedes	habrían	hablado
Ellos (as)	habrían	hablado

*Ella **habría respondido** la pregunta, pero la interrumpiste.* – She would have answered the question, but you interrupted her.

Habríamos leído tu libro, pero no lo compramos – We would have read your book, but we did not buy it.

Habría podido comprarte el carro, pero gastaste el dinero. – I could have bought you the car, but you spent the money.

Usted *habría comido antes de salir, pero no lo hizo.* - You would have eaten before leaving, but you did not do it.

If clauses in the conditional perfect – Si en el condicional perfecto.

When using the Conditional Perfect, the If clause comes to action and it is used to express something that would have happened, often in conditional sentences.

Si yo hubiera sabido del problema, habría ido contigo. - If I had known about the problem, I would have gone with you.

Si la hubiera visto, habría dicho algo. – If I had seen her, I would have said something.

Si hubieras venido, te habrías encontrado con Papá. - If you had come, you would have found Dad.

Remarks:

Remember, you will always need to use the personal pronoun when using *"Usted / Él / Ella"* and *"Ustedes / Ellos (as)"*, because they might confused the listener.

Notice that when using If clause in the Conditional perfect, the first part is in the *"Subjuntive mode or Pretérito Pluscuanperfeto"* which we will see later one and the second part of the sentence is using the conditional perfect.

Do not forget the Ask Answers form:

¿Habrías comido antes de salir? – Would you would have eaten before leaving?

Si, si habría comido. – Yes, I would have eaten.

No, no habría comido. – No, I would not have eaten.

¿Habrías podido comprar el carro? - Would you have been able to buy the car?

Si, habría podido comprar el carro. – Yes, I would have been able to buy the car.

No, no habría podido comprar el carro. – No, I would not have been able to buy the car.

¿Habrías ido a la fiesta si yo la hubiera organizado? - Would you have gone to the party if I had planned it?

Si, habría ido a la fiesta si tú la *hubieras organizado.* – Yes, I would have done to the party if you had planned it.

No, no habría ido a la fiesta. – No, I would not have gone to the party.

Direct Object Pronouns – Complemento Directo.

Direct Object pronoun is the person, animal or thing upon the action of the verb falls. It follows the verb and does not take a preposition. The only preposition that you may find is "*A – To*". The "*Complemento Directo*" does not have to agree with gender and number with the verb. Many times it answers the question "¿*Qué - What?*" or "¿*Quién - Who?*"

Me	Me
Te	You
Lo / la	You (polite) Him / Her / It
Nos	Us
Los / las	You (plural) / Them

*El hombre ve **a la** mujer* – The man watches the woman.

*Él ve **la** mujer* – He sees the woman.

*Él **la** ve* – He sees her.

Whom does he see? – The woman.

*La chica lee **la** Biblia* – The girl reads the Bible.

*La chica **la** lee* – The girl reads it.

***La** lee.* – She reads it.

What does she read? – The Bible.

*El chico mira **los** juguetes* – The boy watches the toys.

*El chico **los** mira.* – The boy watches them.

Los mira – He watches them.

What does he watch? – The toys.

Remarks:

You can substitute them by the pronouns "**Lo(s)** - **La(s)**", depending on the gener and number.

*Fui a ver **a la** mujer* – I went to see the woman.

*Fui a ver**la**.* – I went to see her.

Me comí la manzana – I ate the apple.

*Me **la** comí.* – I ate it.

*Me bebí **las** cervezas* – I drank the beers.

*Me **las** bebí.* – I drank them.

*Leí **los** libros* – I read the books.

***Los** leí.* – I read them.

Indirect Object Pronouns – Complemento Indirecto.

The Indirect Oject Pronoun is the person, animal or thing who receives directly or indirectly the benefit or damage of the action. It may be accompanied by the prepositions "*A – To*" and "*Para – For*".

Me	Me
Te	You
Le	You (polite) Him / Her / It
Nos	Us
Les	You (plural) / Them

Pay close attention, it might look like the direct object, but note the difference in the 3rd person singular "*You (polite) Him / Her / It*" and plural "*You (plural) / Them*". They are placed *BEFORE* a conjugated verb and *AFTER* an infinitive verb. They are not rule by gender. They can respond to "*¿A quién – To whom*?" or "*¿Para quién – For whom*?"

Compré ropa *para* Yeiris – I bought clothes for Yeiris.

¿Para quién compré *la* ropa? *Para* Yeiris. – Whom I boug the clothes for? For Yeiris.

Mis padres **me** *regalaron un automóvil* – My parents gave me a car.

Me van a regalar un automóvil – They are going to give me a car.

*Van a regalar***me** *un automóvil* – They are going to give me a car.

La chica *le* da el lápiz al chico – The girl gives the pencil to the boy.

¿A quién? – Al chico – To whom? To the boy.

Le gusta el chico a la chica - *A la chica le gusta el chico* – The girl likes the boy.

Verbs that function like "Gustar" – **Verbos que trabajan como "Gustar".**

Encantar la comida china – Love Chinese food.

Les encanta la comida China – They love Chinese food.

Fascinar la música clásica – Fascinate by classic music.

Me fascina la música clásica – I am fascinated by classif music.

Aburrir de soledad – Get bored by loneliness.

Nos aburrimos de la soledad – We get bored by loneliness.

Hacer pensar en ti – Make me think of you.

Las canciones **me** hacen pensar en ti – Songs make me think of you.

Interesar los idiomas – Interest in languages.

Les interesan los idiomas – You have interest in languages.

Estimular tu presencia – Estimulate by your presence.

Me estimula tu presencia – Your presense estimulates me.

Deprimir con tus palabras – Feel drepress with someone's words.

Le deprimen tus palabras – She feels depressed with your words.

Molestar con tus chistes – Get upset with someone's jokes.

Le molestan tus chistes – They are displeased with

your jokes.

A little bit more – Un poco más

Materias Universitarias – University Subjects

Ciencias naturales	natural science
Derecho	law
Álgebra	algebra
Arquitectura	architecture
Arte	art
Astronomía	astronomy
Biología	biology
Botánica	botany
Ciencia	science
Ciencia terrestre	earth science
Ciencias físicas	physical science
Ciencias políticas	political science
Comercio	business
Contabilidad	accounting
Dibujo	drawing
Economía	economics
Educación física	physical education
Enseñanza religiosa	religious education
Filosofía	philosophy
Física	physics
Geografía	geography
Geometría	geometry
Historia	history
Informática	computing (IT)
Ingeniería	engineering
Lenguas modernas	modern languages
Lingüística	linguistics

Literatura	literature
Matemática	mathematics
Medicina	medicine
Música	music
Pintura	painting
Psicología	psychology
Química	chemistry
Sociología	sociology
Tecnología	technology
Zoología	zoology
Vegetales / Verduras –	**Vegetables**
Aguacate	Avocado
Ajo	Garlic
Alcachofas	Artichokes
Alcaparras	Capers
Guisantes	Peas
Apio	Celery
Arroz	Rice
Berenjena	Egg plant
Brócoli	Broccoli
Maní	Peanut
Calabaza	Pumpkin
Cebolla	Onion
Cebollitas	Green onions
Champiñones	Mushrooms
Coliflor	Cauliflower
*Gandules	Green beans
Espinaca	Spinach
Frijoles / Habichuelas	Beans
Garbanzos	Chickpeas
Haba	Fava Bean
Lechuga	Lettuce

Lentejas	Lentils
Maíz	Corn
Papa	Potato
Pepinillos	Pickles
Pepino	Cucumber
Puerro	Leek
Rábano	Radish
Remolacha	Beet
Repollo	Cabbage
Tomate	Tomato
Yuca	Cassava
Zanahoria	Carrot

Popular speaking you will hear "guandules"

Exercises - Ejercicios

1- Write a paragraph, five lines long, that describes what you would do if you go bankrupt, using the conditional perfect tense.

_____

_____

_____

_____

_____

2- Fill in the blanks using the conditional perfect:

Yo ____(saltar)_____ si hubiese sabido que lo pisaría.

Helena ____(estudiar)_____ más si hubiese sabido que el examen estaba tan difícil.

Nosotros _____(beber)____ menos si hubiésemos sabido que nos embriagaríamos.

Ellos no _____(comprar)____ si hubiesen sabido que lo conseguirían más barato en otro lugar.

Sarita y Sofía _____(conducir)_____ más lentamente si hubiesen sabido que chocarían esa noche.

3-   Use the corresponding direct object pronouns:

Yo _____ he comprador un collar de perlas.

Jaime _____ dijo a su madre acerca del accidente.

Nosotros _____ fuimos temprano de la fiesta.

Ellos _____ entregaron las maletas.

Tú _____ quedaste en casa el sábado.

4- Write four sentences using the following subjects:

Astronomía

_____

\Arquitectura

_____

Pintura

_____

Zoología

_____

5- Create a five-line salad recipe using the following vegetables: avocados, artichokes, carrots, cucumbers, green beans and lettuce.

_____

_____

_____

_____

_____

Reading Comprehension

1- ¿Qué compré en la primera ciudad que visité?

_____

2- ¿Qué habría comprado en Atyrá de haber tenido más dinero?

_____

3- ¿Qué les compré a mis hermanas?

_____

4- ¿Cuántas ciudades visité?

_____

5- ¿Qué pienso hacer cuando vuelva a Paraguay?

_____

Knowledge Base
Republic of Paraguay - República del Paraguay
Motto: Paz y justicia - Peace and justice
Capital and largest city - Asunción
Official languages - Spanish - Guaraní
Demonym - Paraguayan
Government - Unitary presidential constitutional republic
President - Horacio Cartes
Vice President - Juan Afara

Population - 2015 estimate - 6,783,272[

Currency - Guaraní (PYG)

Calling code - +595

Bible Verse - Versículo Bíblico

Y me ha dicho: Bástate mi gracia; porque mi poder se perfecciona en la debilidad. Por tanto, de buena gana me gloriaré más bien en mis debilidades, para que repose sobre mí el poder de Cristo. **2 Corintios 12:9**

Lesson 2 🔒

Las Fiestas de la Marinera - Marinera's Parties.

Había vuelto a mis orígenes, debía recordarme a *mí misma* de dónde venía, *había ido* a visitar a mi familia después de muchos años, decidí hacerlo a finales de enero. Y sé que lo *había hecho* con doble intención pues quería disfrutar de la Marinera, una festividad celebrada a lo largo y ancho del Perú todos los años en esa época.

Habían pasado cinco años desde mi último viaje y pude ver cuánto *había cambiado* mi país, nuevas grandes edificaciones, gran cantidad de autos y un ritmo de vida más acelerado que el que recordaba.

De la Marinera el principal atractivo es el Concurso Nacional de Marinera al que asisten todos los peruanos y del que participan mujeres y hombres de todas las edades, quienes bailan al son de trompetas, baterías, platillos y tubas.

Me *había recordado* de los trajes que llevan para concursar, ya que se trata de nuestros trajes típicos. Las damas usan largos vestidos llenos de vuelos, que son finamente elaborados muchas veces por *ellas mismas*. Debajo del vestido llevan una blusa bordada y los motivos de esta *habían traído* a mi mente imágenes de todos los rincones del país. Ya que los motivos de cada blusa son alegorías de dichas imágenes.

Recuerdo que los hombres *habían lucido* una faja sobre la cintura del pantalón, sus camisas siempre son claras y sobre esta lucen el tradicional poncho y por supuesto sobre sus cabezas nunca pueden faltar los infaltables sombreros de paja.

Ambos, tanto la dama como el caballero, llevan en las manos pañuelos que rememoran un poco la época colonial durante la cual todos *habían portado* pañuelos como parte de su atuendo.

Este baile como tantos otros *había buscado* emular el cortejo, donde el hombre persigue a la dama en cuestión esperando que esta responda a sus halagos y galantería. Los pasos del baile son marcados por el caballero y la mujer le sigue como diciendo sí a su petición de cortejarla.

A lo largo de estos días de fiesta *había podido* ver los sorprendentes caballos de paso fino que se pasean a lo largo de las calles y con ellos carros alegóricos que hacen largas caravanas, en las que múltiples parejas danzan incansablemente, convirtiéndose *ellos mismos* tiovivos multicolores.

Las festividades de la Marinera son de tanta importancia para nuestro pueblo que el estado ha decidido declarar tanto el baile de la marinera como el caballo de paso peruano, como patrimonio cultural de la nación.

No hay peruano que se quede en casa en estos días, pues la música siempre *había contagiado* a todos desde siempre, son días felices en los que se comparte en familia y con ello revivimos año a año parte de nuestra riqueza popular.

Word List – Listado de palabras

Las Fiestas de la Marinera – Marinera's Parties.

Mis orígenes – My origins (background).

Después de muchos años – After many years.

Con doble intención – With double intention.

A lo largo y ancho – Far and wide *(meaning from all over)*.

El principal atractivo – The maina attraction.

De todas las edades – From every ages.

Al son de trompetas – At the sound of trompets.

Tarolas, platillos – Earn drums, Cymbals.

Trajes típicos – Typical costumes.

Vestidos llenos de vuelos – Dresses filled with hemming *(Edge of the dress, typical dresses have very long edge or border)*.

De todos los rincones – From every corner.

Alegorías de dichas imágenes – Alluding to such images.

Los infaltables sombreros de paja – The unmissing Straw hats.

La época colonial – Colonial time (Epoch).

Emular el cortejo – Emulate the courtship (Encourage flirting).

La dama en cuestión – The lady in question.

Halagos y galantería – Flattery and gallantry.

Los pasos del baile – The steps of the dance.

Son marcados por el caballero – Are set by the gentleman. *(when dancing the man leads the dance and the woman follows his steps)*.

Caballos de paso fino – Fine step horses.

Tiovivos multicolores – Multicolor carousel.

Patrimonio cultural de la nación – Cultural

Heritage of the nation.

Grammar Explanations – Notas gramaticales

Past Perfect – Pluscuamperfecto.

When you are referring to an action in the past that occurred before another action in the past, you use the "Past Perfect". It is formed by the imperfect of the verb "Haber" plus the past participle of the verb. It is equivalent to "Had been" in English.

Imperfecto Haber		Pasado participio Hablar
Yo	había	hablado
Tú	habías	hablado
Usted	había	hablado
Él	había	hablado
Ella	había	hablado
Nosotros	habíamos	hablado
Ustedes	habían	hablado
Ellos (as)	habían	hablado

Él había bebido mucho cuando su hermana llegó – He had drank very much when his sister arrived.

Yo ya había vuelto cuando ustedes llamaron – I had already returned when you called.

Ya había visto a mi hermana – I had already seen my sister.

Nunca había escuchado esa historia antes de ahora – I had never heard that story before now.

Nos habríamos marchado cuando al avión despegó – We had been gone when the plan took off.

Ya había salido cuando tú llamaste – I had already left when you called.

Remarks:

Remember, you will always need to use the personal pronoun when using *"Usted / Él / Ella"* and *"Ustedes / Ellos (as)"*, because they might confused the listener.

Do not forget the Ask and Answers form.

¿Había bebido él mucho cuando su hermana llegó? – Had he drank a lot when his sister arrived?

Si, él había bebido mucho. – Yes, he had drunk a lot.

No, él no había bebido mucho. – No, he had not drank a lot.

¿Habías vuelto ya cuando nosotros llamamos? – Had you already returned when I called?

Si, ya había vuelto. – Yes, I had already returned.

No, aún no había vuelto. – No, I had not yet returned.

¿Ya habías visto a mi hermana? – Had you already seen my sister?

Si, ya había visto a tu hermana. – Yes, I had already seen your sister.

No, no había visto a tu hermana aun. - No, I had not yet seen your sister.

Tonic Personal Pronouns – Pronombres Tónicos Personales

When using them, they come behind a preposition that is not *"Con- With"*.

Personal	Tonics	Tonics Reflexive
Yo	Mí	Mí "mismo (a)" - **myself**
Tú	Ti	Ti "mismo (a)"
Él	Él	Sí "mismo"

Ella	Ella	Sí "misma"
Ello	Ello	Sí "mismo"
Usted	Usted	Sí "mismo (a)"

Uno - *One* -		Sí "mismo" – *One self.*
Nosotros	Nosotros	Nosotros "mismos"
Nosotras	Nosotras	Nosotras "mismas"
Ustedes	Ustedes	Sí "mismos"
Ellos	Ellos	Sí "mismos"
Ellas	Ellas	Sí "mismas"
Unos - *Ones*	-	Sí "mismo" – *Ones*

selves.

Referring to different people. – Refiriéndonse a distintas personas.

*Estoy enamorado **de ella*** – I am in love with her.

*¿Qué voy a hacer **sin ti**?* – What am I going to do with you?

*Brindamos por **usted**.* – Cheers for you.

*¿Estás hablando **de mí**?* – Are you talking about me?

Referring to the same person – Refiriéndose a la misma persona.

*You can use "**Mismo (a)**" giving more emphasis to the statement.*

Ella no está segura ***de sí misma*** – She is not sure of herself.

Puedes valerte ***por ti mismo**.* Estoy orgulloso. – You can stand for yourself. I am proud.

Cada uno piensa ***en sí mismo*** – Everyone thinks for himself.

No hablo ***de mí mismo***, hablo ***de ti misma*** – I am

not speaking about myself, I am speaking about yourself.

When using the preposition "Con – With" – Cuando usamos la preposición "Con – With".

Personal Tonics	Tonics Reflexive
Conmigo	Conmigo "mismo (a)" **With myself**
Contigo	Contigo "mismo (a)"
Con él	Consigo "mismo"
Con ella	Consigo "mismo"
Con usted	Consigo "mismo (a)"
Con nosotros	Con nosotros "mismos"
Con nosotras	Con nosotras "mismas"
Con ustedes	Consigo "mismos (as)"
Con ellos	Consigo "mismos"
Con ellas	Consigo "mismas"

Referring to different people. – Refiriéndonse a distintas personas.

*Baila **conmigo** antes que se acabe la canción –* Dance with me before the song ends.

*Estoy muy contento **contigo**. Has hecho un muy buen trabajo –* I am very happy with you. You have done an excellent job.

*No he hablado **con él** hoy –* I have not spoken with him today.

Referring to the same person – Refiriéndose a la misma persona.

*Estoy defraudado **conmigo** –* I am disappointed with me.

*Estoy defraudado **conmigo mismo** –* I am

disappointed with myself.

Ella lleva la llave da la casa **consigo misma** – She carries the house key with herself.

A little bit more – Un poco más

Lugares – Places

Acera	sidewalk
Ayuntamiento	town hall
Calle	street
Castillo	castle
Cementerio	cemetery
Cine	cinema / Movie
Ciudad	town
Consulado	consulate
Cruce / peatonal	crosswalk
Escuela	School
Garaje	garage
Hospital	hospital
Hotel	hotel
Mercado	market
Ministerio	ministry
Monumento	monument
Muelle	pier
Museo	museum
Palacio	palace
Patio	courtyard
Plaza	square
Pueblo	village
Puerto	port
Restaurant	restaurant

Semáforo	traffic light
Supermercado	grocery store
Teatro	Theater
Tienda	store
Torre	tower
Universidad	University
Acera	pavement
Aeropuerto	airport
Banco	bank
Banco	bench
Bar	bar
Biblioteca	library
Cabaña	hut
Carnicería	butchery
Carretera / vía	road (highway)
Casa	house
Catedral	cathedral
Comisaría	police station
Edificio	building
Embajada	embassy
Esquina	corner
Estadio	stadium
Fábrica	factory
Farmacia	pharmacy
Fuente	fountain
Granero	barn
Granja	farm
Iglesia	church
Librería	bookstore
Panadería	bakery
Posada	inn
Prisión / Cárcel	prison

Puente		Bridge
Senda		path
Suburbio		suburb
Tintorería		dry cleaner's
Carne	–	**Meat**
Carne de res		Beef
Cordero		Lamb
Cerdo		Pork
Ternera		Veal
Bistec		Beefsteak
Carne molida		Ground beef
Cochinillo		Suckling pig
Costillas		Ribs
Chuleta		Pork chop
Hígado		Liver
Jamón		Ham
Lengua		Tongue
Lomo		Steak
Lomo de cerdo		Pork fillet
Longanizas		Sausages
Patas de cerdo		Pig's feet
Pierna de cordero		Leg of lamb
Cola de buey		Oxtail
Riñones		Kidneys
Salchichas		Sausages
Tocino		Bacon
Tripas		Tripe
Codorniz		Quail
Conejo		Rabbit
Faisán		Pheasant
Ganso		Goose
Pato		Duck

Pavo	Turkey
Pollo	Chicken
Ala	Wing
Pechuga	Breast
Muslo	Thigh
Pierna	Leg
Venado	Venison

Exercises - Ejercicios

1- Write three sentences using the past perfect tense:

_____

_____

_____

2- Make these sentences into questions:

Yo había hablado con tu mamá antes de invitarte a salir.

_____

Ana había estado corriendo en el parque antes de encontrarnos.

_____

Los chicos de mi vecina habían roto la bolsa de la basura.

_____

Nosotros habíamos llegado temprano a la fiesta.

_____

Tú te habías casado cuando comenzaste a trabajar.

_____

3- Write down three sentences using the tonics reflexives.

_____

_____

_____

4   Use the appropriate tonic reflexive.

Yo iré con _____tú_____ a la playa el fin de semana.

Nosotras hicimos un acuerdo entre _____

nosotros_____.

Miguel y Juan hicieron una reunión entre _____

ellos_____.

4- Draw a mall with these places:
Un cine frente al mercado.
Tiendas alrededor de la plaza.
Una farmacia al lado de una panadería.
Una carnicería frente a la biblioteca.

Knowledge Base
Republic of Peru - República del Perú
Motto: Firme y feliz por la unión - Firm and Happy for the Union
Capital and largest city - Lima
Official languages – Spanish, Quechua, Aymara
Demonym - Peruvian
Government - Unitary semi-presidential constitutional republic
President - Pedro Pablo Kuczynski
Population - 2015 estimate - 31,151,643
Currency - Nuevo sol (PEN)

Calling code - +51

Quechua, Aymara and other indigenous languages are co-official in the areas where they predominate.

Bible Verse - Versículo Bíblico

No mirando nosotros las cosas que se ven, sino las que no se ven; pues las cosas que se ven son temporales, pero las que no se ven son eternas. **2 Corintios 4:18**

Lesson 3

Cocina Boricua - Puerto Rican's gastronomy

Teresa: *mira* Valentina, ya llegan las vacaciones y aún no hemos decidido a donde viajaremos, traje alguna literatura interesante sobre Puerto Rico, *lee* y *di* qué te parece.

Valentina: *no hables* tan alto, me duele un oído; *decide* tú, como siempre escoges bien. *Anda* rápido y *haz* las reservaciones.

Teresa: leeré en voz baja, *oye*, la base de la cocina criolla puertorriqueña es una mezcla de las cocinas española, africana y taina, ve, es taina por ser el nombre de los indígenas, quienes cultivaban: yuca, batata, yautía y maíz; *hablemos* ahora de lo que incorporaron los españoles: cebolla, ajo, cilantro, berenjena, garbanzos, coco y bebidas como el ron; veamos como de África se adquirió su estilo y los plátanos.

Valentina: *no insistas* tanto en la comida.

Teresa: Hasta que no degustemos la comida típica, sentimos que no conocemos totalmente el lugar.

Valentina: tienes razón, *sigamos*.

Teresa: la auténtica comida criolla boricua se basa en plátanos, cerdo, mariscos y frituras que se acostumbran a servir con arroz y frijoles. Los vegetarianos pasaran momentos difíciles con su comida en Puerto Rico. Nosotras **comamos** y **bebamos** lo que queramos, no somos vegetarianas.

Valentina: se me hace agua la boca, en estas vacaciones no **nos limitamos**, no importa si engordamos, después rebajamos.

Teresa: ¿Qué tal si obviamos las órdenes de mamá? ¡**No coman** ni **beban** tanto!

Valentina: lo aprobamos. No pensemos nada, solo hagámoslo.

Teresa: en cada comida sugiramos un plato diferente cada una, de este fabuloso menú, y **compartámoslos** luego, **leámoslo** para que sepamos cuando nos pidan que ordenemos. Para picar antes de las comidas: salen tostones de plátanos fritos y machacados, empanadillas, bacalaítos, sorullos elaborados con harina de maíz y queso, alcapurrias, piononos; sopas, no es raro que pongan la sopa nacional de Puerto Rico, y que la hagan de arroz con pollo o con langosta, gambas u otros mariscos.

Valentina: ¿Qué habrá de carne para que comamos?

Teresa: según este menú espero que pongan ternera, el cerdo nunca falta y lo servirán como chicharrón, chuletas grandes y jugosas fritas o asadas a la parrilla y lechón asado. Todos acompañados de arroz con habichuelas o un sofrito de frijoles.

Valentina: es bueno tener este súper menú, **seamos** inteligentes y **averigüemos** cuales son los mejores platos.

Teresa: fantástico, **toma** nota no nos las perderemos. Las especialidades son el mofongo, puré de plátanos verdes fritos, rellenos con mariscos, carne frita de cerdo o salmorejo de jueyes, con una salsa de ajo y tomate; *comámonos* una ensalada de pulpo, camarones o langosta con ron servida en un coco; también comeremos una serenata de viandas con bacalao. Exijamos que el pescado y los mariscos estén frescos.

Valentina: ¿Terminaste? *Levantémonos.*

Teresa: *no te levantes,* aquí hablan de un sofrito básico, *oye,* es una mezcla de hiervas y vegetales triturados, utilizan 4 cebollas, 3 cabezas de ajo, 12 ajíes dulces sin semillas, una cucharada de sal, un cuarto de aceite de achote, 20 hojas de recado, 2 pimientos verdes sin semillas y 25 ramitas de cilantro que es el sabor predominante; *agítese* y *mézclese* antes de usarse, si gusta puede freírlo o usarlo crudo pero siempre *guárdese* tapado en el refrigerador; *úselo* en arroces, carnes pescado y pollo.

Valentina: *habla* sobre los postres por favor.

Teresa: vamos a ver los postres tradicionales son: la papaya verde o dulce de lechosa, cascos de guayaba con queso blanco, pudín de pan, flan de vainilla o de coco o de queso, sorbetes de fruta, biscochos de 3 leches, el budín del pueblo de la Aguada y los brazos gitanos de Mayagüez.

Valentina: ¿Terminamos? *Bañémonos* y *vámonos* a dormir.

Teresa: espera, faltan las bebidas, Puerto Rico es productor de ron, no es extraño que sepan preparar riquísimas bebidas con jugos de frutas y ron, la reina de las bebidas es la piña colada, para los pequeños prepararan bebidas sin alcohol. Bueno ¡A preparar el viaje!

Valentina: por ahora ¡*A bañarnos* y *a dormir*!

Teresa: 15 días después. *Camina* rápido Valentina, *chequeemos* los pasaportes y el equipaje. Llegaremos en pocas horas a Puerto Rico. Chao mamá, cuídate.

Valentina: *abordemos* el avión, me siento feliz ¿Quién nos recogerá en el aeropuerto?

Aeromoza: *abróchense* los cinturones.

Teresa: es seguro que vengan a buscarnos del hotel The Rits-Carlton San Juan.

Valentina: si, *mira* nos están esperando.

Teresa: vamos directo al hotel, ahora por *favor lleve* las maletas a recepción. *Tome* los tickets tenemos reservación para dos, por una semana.

Recepcionista: Todo correcto, *tengan* 2 llaves electrónicas y se les entregará el equipaje en la habitación.

Teresa y Valentina: muchas gracias.

Recepcionista: *Pasen* unas inolvidables vacaciones.

Teresa: *Pongámonos* los trajes de baño, esta noche cenaremos aquí. Mañana *despertémonos* temprano para salir con la guía.

Valentina: *No me mires* así.

Teresa: *No deberías usar* el traje de baño nuevo de mamá.

Valentina: No se lo digas a mamá.

Teresa: Bien vamos a nadar.

Valentina: Tengo hambre ¿Podemos subir a cambiarnos de ropa para ir a cenar?

Teresa: Si podemos.

Valentina: Ya estoy lista.

Teresa: Ese debe ser el restaurant ¡*A comer!*

Mesonero: Buenas noches señoritas ¿Van a cenar?

Teresa: Buenas noches, *recomiéndenos* algo que sea ligero.

Mesonero: ¿Qué tal una pasta con camarones y salmón? De postre cheesecake de calabaza y piensen ¿Qué prefieren tomar?

Valentina: *Vamos* a tomar "Piña Colada".

Mesonero: *Tengan* su cena señoritas, permítanme hablarles de la "Piña Colada": es una bebida dulce, se prepara con ron, crema de coco y zumo de piña bien madura, acompañada con una rodaja de piña. La "Piña Colada" es originaria de Puerto Rico, consiguieron declararla bebida nacional en 1978. Muchos se abrogan la invención de la misma, entre ellos Ricardo García empleado del Caribean Hilton aquí en San Juan. Comienza a ser afamada gracias a la canción "Escape" de Rupert Holmes, desde entonces conocida como "The Piña Colada Song". Es bueno que sepamos que desde entonces se conoce y se bebe en todo el mundo. Que tengan buenas noches señoritas y buen provecho.

Word List – Listado de palabras

Cocina Boricua – Puerto Rican's gastronomy *(Boricua is the common name for Puerto Rican, more like a Street name).*

Alguna literatura interesante – Some interesting Reading (Literature).

Qué te parece – What you think *(Parecer means look like, but we also use it to ask someone opinion about something in its reflexive form).*

Es una mezcla – It is a mixture (mix).

La auténtica comida – The authentic good.

Se me hace agua la boca – My mouth is watering.

No importa si engordamos – It doesn't matter if we get fat.

Después rebajamos – We bring it down later *(meaning bring down the pounds earned by excessive eating)*.

¡No coman ni beban tanto! – Don't eat and don't drink too much.

Para picar – To snack *(Picar means chop, cut, but in regular speech we use it to mean eat something or snack)*.

Como chicharrón – Like Pork rind *(this is very famous in latin countries)*.

Plátanos fritos y machacados – Fried and Smashed banana.

Arroz con habichuelas – Rice and beans *(This is the regular and daily dish for most latin countries)*.

Averigüemos cuales son los mejores platos – Let us find out which one are the best dishes. *(The two dots over the U indicates that you must pronounce the U)*.

El mofongo – The mofongo *(this is a very delicate and special dish prepare with Friend banana, then smash it and accompanied with meat and sauce. An exquisit dish in latin America)*.

Aquí hablan de un sofrito básico – They speak here about a basic fried dish.

El sabor predominante – The dominant flavor.

Chao mamá, cuídate – By Mom, take care. *(Chao comes from the Italian word Ciao and we use it in its pronounced form in most latin countries to say goodbye)*.

Llaves electrónicas – Electronic keys.

No me mires así. – Don't look at me like that.

Ya estoy lista. – I am ready already.

¿Van a cenar? – Are you going to have dinner?

Zumo de piña – Pineapple juice. *(Zumo is a synonym for Jugo in some latin countries).*

Grammar Explanations – Notas gramaticales

The imperative mood – El modo imperativo.

Since the imperative is not a time or tense, but a mood, I am giving you full version below. When using the imperative you are giving commands or orders.

There are four forms in the imperative mood corresponding to the personal pronouns "*Tú / Usted / Nosotros / Ustedes*".

Regular verbs ending in "Ar". – Verbos regulares en "Ar".

Tú form. – Forma Tú.

Habla claro. No te entiendo. – Speak clear.

No hables alto. – Do not speak loud.

Camina rápido – Walk fast.

No camines tan rápido – Do not walk so fast.

In the *Tú* form, just add "*A*" to the stem in affirmative sentence and "*ES*" in negative sentence.

Usted form. – Forma Usted.

Hable claro. – *Speak clear, please.*

No hable alto. – *Don't speak loud, please.*

In the **Usted** form, just add *"E"* to the stem in both affirmative and negative sentences.

Nosotros form. – Forma Nosotros.
Hablemos ahora. – *Let's speak now.*
No hablemos ahora. – *Let's not speak now.*
In the *Nosotros* form, just add *"EMOS"* to the stem in both affirmative and negative sentences.

Ustedes form. – Forma Ustedes.
Hablen afuera. – *Speak outside.*
No hablen dentro. – *Don't speak inside.*
In the *Ustedes* form, just add *"EN"* to the stem in both affirmative and negative sentences.

Remarks:
Remember, you do not need to use the personal pronouns when using the imperative form, because this is a direct command, which means that you are speaking directly to the person you are commanding or odering.

You have the *"Tú"* and *"Usted"* form, because as you already know, we address people depending on who they are *(family members, friends, or respect, politeness, etc)*.

The "*Nosotros form*" correspond to the English "*Let's*", therefore, most of the time it works as a suggestion.

When you add the word "*Por favor – Please*" to the command, it soften the command and it shows a little bit of a "*Plead*"to the person. I always recommend to use "*Por favor*" at the end of the command, unless you are angry and you want to make sure the person understands your command or order without softening it.

Habla claro, por favor. – Speak clear, please.

Hable bajo, por favor. – Speak low, please.

Hablemos ahora, por favor. – Let's speak now, please.

Hablen afuera, por favor. – Speak outside, please.

Regular verbs ending in "Er / Ir". – Verbos regulares en "Er / Ir".

Tú form. – Forma Tú.

Beb*e*

Bebe jugo. – Drink juice.

No beb*as*

No bebas jugo. – Don't drink juice.

Abr*e*

Abre la puerta ahora. – Open the door now.

No abr*as*

No abras la puerta a nadie. – Don't open the door to noone.

In the *Tú* form, just add *"E"* to the stem in affirmative sentences and *"AS"* in negative sentences.

Usted form. – Forma Usted.

Beb*a*

Beba agua. – Drink water.

No beb*a*

No beba agua. – Don't drink water.

Abr*a*

Abra la boca. – Open the mouth.

No abr*a*

No abra la boca. – Don't open the mouth.

In the *Usted* form, just add *"A"* to the stem in both affirmative and negative sentences.

Nosotros form. – Forma Nosotros.

Beb*amos*

Bebamos *jugo de china.* – Let's drink orange juice.

No beb*amos*

No **bebamos** *jugo de china.* – Let's not drink orange juice.

Abr*amos*

Abramos *los ojos.* – Let's open the eyes.

No abr*amos*

No **abramos** *los ojos.* – Let's not open the eyes.

In the **Nosotros** form, just add **"AMOS"** to the stem in both affirmative and negative sentences.

Ustedes form. – Forma Ustedes.

Beban

Beb**an** jugo de limón. – Drink lemon juice.

No beb**an**

No **beban** jugo de limón. – Don't drink lemon juice.

Abr**an**

Abran *la Biblia.* – Open the Bible.

No abr**an**

No **abran** *la Biblia.* – Don't open the Bible.

In the **Ustedes** form, just add **"AN"** to the stem in both affirmative and negative sentences.

Verbs with vowel change – Verbos con cambios de vocal.

As we have learned in the present, there are regular verbs that change their vowel stem when conjugated. To get the imperative for "**Tú / Usted / Ustedes**" just use the conjugation of the first person singular "**I-Yo**".

Pensar – Think.

Piensa

piense

pensemos

piensen

No pienses

Piensa *bien en lo estás diciendo* – Think well on what you are saying.

No pienses *nada, solo hazlo* – Don't think anything, just do it.

Empezar – Start / Begin

Empieza

Empiece

Empecemos

Empiecen

No empieces

Empiecen *a trabajar ahora* – Start to work now.

No empieces *con tus estupideces* – Don't start with your nonesenses.

Volar – Fly

Vuela

vuele

volemos

vuelen

No vueles

Vuela *el avión en estos momentos* – Fly the plane at this moment.

No vueles *el avión, es una orden* – Don't fly the plane, it is an order.

Soñar – Dream

Sueña

sueñe

soñemos

sueñen

No sueñes

Sueña *conmigo esta noche* – Dream with me tonight.

No sueñes *disparates* – Don't dream nonenseses.

Querer – Want

Quiere

quiera

queramos

quieran

No quieras

Quieran *algo en sus vidas* – Want something in your lives.

No quieran *nada, ustedes se lo pierden* – Don't want anything, it is your loss.

Volver – Return

Vuelve

vuelva

volvamos

vuelvan

No vuelvas

Vuelve *aquí mismo ahora* – Get back here right now.

No vuelvan *nunca jamás* – Don't ever come back.

Conocer – To meet

Conoce

conozca

conozcamos

conozcan

No conozcas

Conozcamos *los invitados* – Let's meet the guests.

No conozcamos a ningún hombre – Let's not meet any man.

Dormir – Sleep

Duerme

duerma

durmamos

duerman

No duermas

Duerman ahora mismo – Sleep right now.

No duermas ahora – Don't sleep now.

Conducir – Drive

Conduce

conduzca

conduzcamos

conduzcan

No conduzcas

Conduce despacio – Drive slow.

No conduzcas tan rápido – Don't drive so fast.

Reír – Laugh / Smile

Ríe

ría

riamos

rían

No rías

Riamos con ella de sus malos chistes – Let's laugh with he ron her back jokes.

No rías tanto que me molesta – Don't laugh so much, it bothers me.

Sugerir – Suggest

Sugiere

sugiera

sugiramos

sugieran

No sugieras

Sugiera usted *un buen lugar para cenar* – Suggest a nice place to dine.

No sugieras *nada, siempre metes la pata* – Don't suggest anything, you always mess it up.

Vestir – Dress

Viste

vista

vistamos

vistan

No vistas

Vistamos *al novio* – Let's dress the groom.

No vistas *a la novia* – Don't dress the bride.

Conseguir – Get / Obtain

Consigue

consiga

consigamos

consigan

No consigas

Consigue *la información inmediatamente* – Get the information inmediately.

No consigas *nada, ella es muy mala* – Don't get anything, she is very bad.

Construir – Build / Construct

Construye

construya

construyamos

construyan

No construyas

Construyamos *el proyecto como profesionales* – Let's build the Project as professionals.

No construyas nada bueno – Don't build anything good.

Irregular verbs in the imperative – Verbos irregulares en el imperativo.

Remember, to make the negative, you just need to add "No" to the affirmative for "*Usted / Nosotros / Ustedes*". Only "*Tú*" changes. You will only see the negative for "*Tú*". You just need to use the imperative form for "*Usted*" and add "*S*" to get the negative for "*Tú*".

Ir – Go
Ve
vaya
vamos
vayan
No vayas
Vamos a caminar – Let's walk.
No vayan al cine – Don't go to the movies.
Saber – Know
Sabe
Sepa
sepamos
sepan
No sepas
Sepamos muy bien lo que hacemos – Let's know very well what we do.
No sepas nada cuando te pregunten – *Don't know anything when they ask you.*
Ser – Be
Sé
sea

seamos

sean

No seas

Sé *inteligente muchacho* – Be intelligent boy.

No seas *así* – Don't be like that.

Tener – Have

Ten

tenga

tengamos

tengan

No tengas

Ten fe, *no desmayes* – Have Faith, don't get discourage.

No tengan *misericordia con ese criminal* – Don't be merciful with that criminal.

Venir – Come

Ven

venga

vengamos

vengan

No vengas

Ven conmigo *ahora mismo* – Come with me right now.

No vengas *con cuentos chinos* – Don't come with stories.

Poner – Put

Pon

ponga

pongamos

pongan

No pongas

Pongamos *las cartas sobre la mesa* – Let's put he

cards on the table (Let's be honest).

No pongas el vaso en la cocina – Don't put the glass on the kitchen.

Salir – Go out

Sal

salga

salgamos

salgan

No salgas

Sal de mi casa y nunca regreses – Get out of my house and never come back.

No salgas a la calle de noche – Don't go out on the streets at night.

Hacer – Do / Make

Haz

haga

hagamos

hagan

No hagas

Haz algo rápido o ella morirá – Don't something quick or she'll die.

No hagas nada, total nunca haces nada. – Don't do anything, anyways. You never do nothing.

Decir – Say / Tell

Di

diga

digamos

digan

No digas

Di la verdad o te voy a dar una paliza – Tell the truth or I will whip your ass.

No digas mentiras. Ya basta – Don't lie. It's enough.

Oír – Listen / Hear

Oye

oiga

oigamos

oigan

No oigas

Oigan *bien antes de hablar* – Listen well before speaking.

No oigas *nada* – Don't hear anything.

Imperative with reflexive verbs – Imperativo con verbos reflexivos.

When using reflexive pronouns or indirect or direct object pronouns, they are attached directly to the verb and are spell in word word. Watch for the accents! Do not forget them.

Remember, "***Tú – te / Usted – se / Nosotros – nos / Ustedes – se***".

Levantarse – Get up

Levántate	**No te levantes*
levántese	*no se levante*
levantémonos	*no nos levantemos*
levántense	*no se levanten*

Levántate *de la cama ahora* – Get up from the bed now.

No te levantes *ahora* – Don't get up now.

*There is no accent in the negative statement.

Acostarse – Go to bed / Lie down

Acuéstate	*No te acuestes*
acuéstese	*no se acueste*
acostémonos	*no nos acostemos*
acuéstense	*No se acuesten*

Acuéstate en el sofá – Lie down on the sofá.

No te acuestes en mi cama – Don't sleep on my bed.

*There is no accent in the negative statement.

Bañarse – Take a bath / Shower.

Báñate	*No te bañes*
báñese	*no se bañe*
bañémonos	*no nos bañemos*
báñense	*no se bañen*

Bañémonos *en la piscina* – Let's take a plunge in the swimming pool.

No se bañen *en la bañera* – Don't take a bath in the bathtub.

Irse – Go away / Leave

Vete	**No te vayas*
váyase	*no se vaya*
vámonos	*no nos vámonos*
váyanse	*no se vayan*

Vete *de mi casa* – Go away (Leave) of my house.

No se vaya *por favor, no me deje sola* – Don't leave please, don't leave me alone.

*There is no accent in the negative statement. No nos vámonos".

Dormirse – Fall asleep / Sleep

Duérmete	**No te duermas*
duérmase	*no se duerma*
durmámonos	*no nos durmamos*
duérmanse	*no se duerman*

Duérmete *en la cama* – Sleep on the bed.

No te duermas *tarde* – Don't sleep late.

* There is no accent in negative statement.

Ponerse – Put on

Ponte	**No te pongas*
póngase	*no se ponga*
pongámonos	*no nos pongamos*
pónganse	*no se pongan*

Ponte *los zapatos* – Put on the shoes.

No pongas *la mano* – Don't touch anything.

* *There is no accent in negative statement.*

Vestirse – Get dressed

Vístete	**No te vistas*
vístase	*no se vista*
vistámonos	*no nos vistamos*
vístanse	*no se vistan*

Vístete *pronto* – Get dressed quickly.

No te vistas. *No vas* – Don't get dressed. You are not going.

*There is no accent in negative statement.

Remarks:

As you can see, in the affirmative the reflexive pronouns become part of the imperative verb. However, in the negative you please the reflexive pronouns between the negation "No" and the reflevixe verb "Levántes". *No + te + levántes.*

Notice that when using "Nos" the original conjugation of the verb loses the "S". *Levántemos – nos = Levántemonos.*

Reflexive with Object Pronouns – El reflexivo con pronombres complementarios.

Le doy el lápiz a Pedro– Give me the pencil to Pedro.

Dáselo – Give it to him.

No se lo des – Don't give it to him.

Te doy el lápiz – *I give you the pencil.*

Dame el lápiz – *Give me the pencil.*

Dámelo – Give it to me.

Les doy el lápiz a ellos. – I give them pencil to them.

Dáselos – Give it to them.

No se lo des – Don't give it to them.

¿Puedo comerme toda la comida?

Si, cómetela – Yes, eat it.

No, no te la comas. – No, don't it.

Uses of the imperative – Usos del imperativo.

To demand or ask for something.

Abra la puerta, por favor. – Open the door, please.

Ponte en la mesa – Get on the table.

No me mires así – Don't like at me like that.

No se lo digas a mamá – Don't tell it to Mom.

Cállate – Shut up.

To give advise or counseling.

Vete despacio – Go slow.

Come un poco más – Eat a little bit more.

To give instructions.

Agítese antes de usarse – Shake before using it.

Pónganse los cinturones – Put on the seatbelts.

A plus the infinitive.

! A trabajar! – *To work – Let's work*

! A comer! To eat – Let's eat

! A descansar! To rest – Let's rest

! A callarse! To be quite – Let's be quiet.

In public signs, change the imperative by the infinitive.

No fumar en la casa – No smoking in the house.

No cruzar la calle – No crossing the Street.

To soften the imperative using "Poder" plus infinitive.

¿Puedes traerme agua, por favor? – Can you bring me water, please?

Si, puedo. – Yes, I can.

No, no puedo. No, I cannot.

¿Podrías traerme agua, por favor? – Could you bring me water, please?

Si, podría. – Yes, I could.

No, no podría. – No, I couldn't.

To soften the imperative using "Importar" plus infinitive.

¿Te importa traerme agua, por favor? – Do you mind to bring me water, please?

Si, me importa. – Yes, I mind.

No, no me importa. – No, I do not mind.

¿Te importaría traerme agua, por favor? – Would you mind bringing me water, please?

Si, me importaría. – Yes, I would mind.

No, no me importaría. – No, I would not mind.

A little bit more – Un poco más

Hiervas y Especias - Herbs & Spices

Ají	Pepper
Ajo	Garlic
Albahaca	Basil

Anís	Aniseed
Azafrán	Saffron
Canela	Cinnamon
Cilantro / Culantro	Coriander
Clavos	Cloves
Hierba Buena	Mint
Mostaza	Mustard
Nuez moscada	Nutmeg
Orégano	Oregano
Perejil	Parsley
Pimienta Negra	Black pepper
Romero	Rosemary
Sal	Salt
Tomillo	Thyme
Vainilla	Vanilla
Vinagre	Vinegar

Exercises - Ejercicios

1   Write one sentence with the verb "Hablar", using the "Tú" form and the imperative mode.

_____

2 Write one sentence with the verb "Nadar", using the "Usted" form and the imperative form

_____

3   Write one sentence with the verb "Abrir", using the "Nosotros" form and the imperative mode.

_____

4   Write one sentence with the verb "Comer", using the "Ustedes" form and the imperative mode.

5   Write five sentences using: "Ve, vaya, vamos, vayan, no vayan", in the imperative mode.

_____

_____

_____

_____

_____

6   Write four sentences using: ·Péinate, peinese, peinémonos, péinense", in the imperative mode.

_____

_____

_____

_____

Uses of the imperative:

7   Write two sentences demanding or asking for something

_____

_____

_____

8   Write two sentences giving advising or counseling

_____

_____

9   Write two sentences giving instructions

_____

_____

10 Soften the imperative mode using the verb: "Poder". Write one question, one affirmative answer, and in} negative answer

_____

_____

_____

_____

_____

Reading Comprehension:

Fill in the blanks, write or answer the following questions:

1- La base de la cocina puertorriqueña es una

_____de las cocinas _____

_____   _____ _____

2- Sentimos   que   no_____
totalmente el

lugar hasta que _____ _____ _____

_____ _____

3-   ¿Cuáles fueron las ordenes de mamá?

_____   _____ _____

_____ _____

4- ¿Qué habrá de carne para que

comamos?_____

5- ¿Cuáles son las especialidades?

_____

6- Escribe cuales son los ingredientes del sofrito

básico_____

7- ¿A qué hotel llegaron las dos hermanas?

_____

8- ¿Qué recomendó el mesonero para la cena?

_____

9- ¿Cuáles son los ingredientes de la Piña

Colada?_____

10- ¿Cuántos y cuáles son los nombres de la canción que canta Rupert Holmes?

_____

Knowledge Base
Commonwealth of Puerto Rico - Estado Libre Asociado de Puerto Rico
Motto: Ioannes est nomen eius - John is his name.
Capital and largest city - San Juan
Official languages - Spanish - English
Demonym - Puerto Rican (Boricua)
Government – Commonwealth - Republican Form.
President - Barack Obama
Governor - Alejandro García Padilla
Population - 2015 estimate - 3,474,182
Currency - United States dollar ($) (USD)
Calling code - +1-787, +1-939
Bible Verse - Versículo Bíblico

Deléitate asimismo en Jehová, Y él te concederá las peticiones de tu corazón. Encomienda a Jehová tu camino, Y confía en él; y él hará. **Salmos 37:4-5**

Lesson 4

Al Son del Merengue - At the rhythm of Merengue.

Que yo haya nacido en la tierra del ritmo contagioso del merengue es una bendición. Que haya sido criado al son de la tambora, la güira, el acordeón y la guitarra hacen *que lleve* la música por dentro y la alegría a flor de piel.

Los más famosos merengueros del planeta han salido de mi tierra y que esto haya sucedido no es casualidad, no sólo llevamos el merengue en la sangre sino que también es un símbolo nacional *que nos hace* orgullosos de un género musical que se baila en el mundo entero.

Si tienes la oportunidad de pisar esta hermosa isla anclada en el Caribe, *que no se te ocurra* perderte una noche de merengue y visitar nuestros clubes y shows nocturnos donde te encontrarás con la crema y nata de la música de por estas tierras.

Si vienes a Santo Domingo *que no sea* por menos de diez días, para *que puedas* disfrutar de los mejores clubes de baile de la ciudad. Tendrás que empezar por el CDEEE donde en ocasiones podrás encontrarte con cantantes de la talla del gran Wilfrido Vargas.

La noche siguiente es obligación que asistas a The Big Drink, un club de baile famoso que muchas veces ha presentado a Sergio Vargas cantando su famosa canción "Qué te has Creído". Tendrás que bailar al ritmo de "El Torito" de Héctor Acosta *que se presenta* muchas veces en La Discoteca.

Otra imperdible es el Homero Karaoke House donde podrás escuchar al siempre famoso Rubby Pérez con canciones que no podrás dejar de bailar, como su conocidísima "Tonto Corazón". Si es que todavía quieres más pásate a bailar "Sin Dios no Hay Nada" de Fernando Villalona, por Glama S.R.L., canción que no sólo es una canción sabrosa de bailar sino una loa a Nuestro Señor.

Ahora lo que no te perdonarías a ti mismo sería el no escuchar a mi favorito de todos los tiempos Juan Luis Guerra quien no sólo es cantante sino autor, productor, arreglista, músico y compositor y te deleita con letras maravillosas salpicadas de la alegría del merengue.

El merengue dominicano ha sido considerado como uno de los grandes géneros musicales bailables que distinguen el gentilicio latinoamericano es orgullo de mi tierra. Muchos de nuestros cantantes han puesto en alto el nombre de la República Dominicana. A pesar de que es cierto que no hay discoteca en Latinoamérica donde no se escuchen sus contagiosos acordes, como dominicano autóctono puedo decirles que no hay como disfrutarlos desde la tierra que les vio nacer, la República Dominicana.

Word List – Listado de palabras

Al Son del Merengue – At the rhythm of Merengue.

Ritmo contagioso - Contagious rhythm.

Que lleve la música por dentro – That carries the music inside.

La alegría a flor de piel. – Happiness on the skin *(an expression to say that happiness is shown everywhere, by just looking at the person).*

Símbolo nacional – National icon *(Símbolo means symbol, but in this context is an icon).*

Esta hermosa isla – This beautiful island.

Anclada en el Caribe – Anchored in the Caribbean.

La crema y nata – The pure society *(this is an expression to indicate that these people are the best of the society, the best of the best).*

Cantantes de la talla – Singers of the size of. *(The word talla means size, but in this sense is leveling other singers with the best ones).*

Una loa a Nuestro Señor – A praise to our Lord.

Salpicadas de la alegría – Splashed of happiness.

El gentilicio latinoamericano – Latinoamerical demonym.

Contagiosos acordes – Contagious musical notes.

Grammar Explanations – Notas gramaticales

Present Subjunctive – Presente Subjuntivo.

The subjunctive is not a tense; it is a mood, expressed in the present, past and future. We will start by dealing with the present subjunctive, which deals with situations of doubt, desire and emotion. You already know most of the conjugations, verb changes in vowels and irregular verbs in the *"Yo - I"* form of the indicative. The most helpful and important information about the "*Subjuntivo*" is that it often occurs in subordinate clauses that begin with "*QUE*".

Start with the conjugation of the verb in indicative in the "*Yo-I*" form, drop the "*O*" and then add the corresponding ending for the subjunctive.

Regular verbs in "Ar" – Verbos regulares en "Ar".

Yo hablo – Let us remove the "*O*" and we have "*Habl*", now we can add the subjunctive endings.

Hablar – Speak / Talk
Que yo habl*e*
Que tú habl*es*
Que usted habl*e*
Que él habl*e*
Que ella habl*e*
Que nosotros habl*emos*
Que ustedes habl*en*
Que ellos (as) habl*en*

Es probable **que** *hablemos* – It is probably that we talk.

Es bueno **que** *estudies* - It is good that you study.

Es mejor **que** *me esperes* – It is best that you wait for me.

Es raro **que** *nades tan temprano* – It is strange that you swim so early.

Remarks:
Have you noticed several pattern in the above sentences? I definitely hope so, because as you can see, it is easier than what people think.

All the sentenes have "**QUE**" before the verb with the subjunctive endings. That is the most important thinig for you to remember. That is the reason why, I put the verbs with the particle "**QUE**" in the conjugation.

The beginning of each sentences is also another way to identify and use the subjunctive properly.

Personal pronouns are not an obligation, unless if the meaning is confusing, make sure to use the personal pronoun.

Regular verbs in "Er / Ir" – Verbos regulares en "Er / Ir".

Both groups have the same conjugation, so, it will be easy for you. Remember that the same rules previously learned apply to all subjunctive cases and time.

Yo como – Let us remove the "*O*" and we have "*Com*", now we can add the subjunctive endings.

Comer - Eat
Que yo com*a*
Que tú com*as*
Que él com*a*
Que usted com*a*
Que ella com*a*
Que nosotros com*amos*
Que ustedes com*an*
Que ellos (as) com*an*

Es importante **que** *comas* – It is important that you eat.

Dudo **que** *él coma berenjena* – I doubt that he eats eggplant.

Es malo **que** *ella coma tan tarde* – It is bad that she eats so late.

Espero **que** *ustedes coman camarones* – I hope that you eat shrimps.

Vivir - Live

Que yo viv*a*

Que tú viv*as*

Que usted viv*a*

Que él viv*a*

Que ella viv*a*

Que nosotros viv*amos*

Que ustedes viv*an*

Que ellos (as) viv*an*

Es posible **que** *vivas un poco más* – It is possible that you love a little longer.

Ojalá **que** *no vivas bien* – I pray (hopefully) that you don't live well.

Yo quiero **que** *vivas como yo viví* – I want that you live the way I lived.

Remarks:

As already mentioned, verbs in "***Er***" and "***Ir***" have the same conjugation.

The present subjunctive is used for both present and future tenses where the subjunctive mood is called for.

No creo **que venga** - I don't believe he'll come.

Irregular verbs in the subjunctive – Verbos irregulares en el Subjuntivo.

There are only six irregular verbs in the subjunctive as follows:

*Dar - Give

Que yo *dé*

Que tú *des*

Que usted *dé*

Que él **dé**

Que ella *dé*

Que nosotros ***demos***

estemos

Que ustedes *den*

Que ellos (as) *den*

Estar - Be

Que yo *esté*

Que tú *estés*

Que usted *esté*

Que él *esté*

Que ella *esté*

Que   nosotros

Que ustedes *estén*

Que ellos (as) *estén*

*Esperas **que** yo **te dé** mi dinero* – You expect that I give you my money.

*Es increíble **que** ella **te dé** problemas* – It is incredible that she gives you problems.

*Es imperativo **que no les demos** complicaciones* – It is imperative that we don't give them complications.

*Es una lástima **que** ella **no esté** contigo* – It is a pity that she is not with you.

*Ellos quieren **que** nosotros **estemos** atentos* – They want that we be active.

*Es necesario **que estén** en casa para las 10 pm* – It is necessary that you be home by 10 pm.

Pay close attention to the accent in "***Dé***" which makes the difference between the subjunctive and "***De – of***". Unless if it is attached to the end "***Deme - Give me***", then the accent is omitted.

*Haber - Have

Que yo *haya*

Que tú *hayas*

Que usted *haya*

Que él *haya*

Ir - Go

Que yo *vaya*

Que tú *vayas*

Que usted *vaya*

Que él *vaya*

Que ella *haya*	Que ella *vaya*
Que nosotros *hayamos*	Que nosotros *vayamos*
Que ustedes *hayan*	Que ustedes *vayan*
Que ellos (as) *hayan*	Que ellos (as) *vayan*

Dudo que ella haya trabajado con ellos – I doubt that she has worked with them.

Es importante que vayamos a la escuela – It is important that we go to school.

Es lamentable que él no vaya a la iglesia – It is regretful that he doen'st go to church.

Es urgente que vayas a casa – It is urgent that you go home.

"*Haber*" is used for another time, as we will see in our next lesson.

Saber - Know	**Ser - Be**
Que yo *sepa*	Que yo *sea*
Que tú *sepas*	Que tú *seas*
Que usted *sepa*	Que usted *sea*
Que él *sepa*	Que él *sea*
Que ella *sepa*	Que ella *sea*
Que nosotros *sepamos*	Que nosotros *seamos*
Que ustedes *sepan*	Que ustedes *sean*
Que ellos (as) *sepan*	Que ellos (as) *sean*

Es importante que sepas que hacer – It is important that you know what to do.

No creo que él sepa la verdad – I don't think that he knows the truth.

Ella quiere que sepamos las instrucciones – She wants that we know the instructions.

Es obligatorio que seas amable con ella – It is an

obligation that you be nice with her.

Es malo **que no seas** *profesional* – It is bad that you are not a professional.

Es mejor **que seamos** *sinceros* – It is better that we be honest.

Verbs that change stems in subjunctives – Verbos que cambian en el subjuntivo.

If you have mastered the present indicative conjugation, you will have not issues at all. You already know how to conjugate these verbs with the vowel change. *Remember, they are regular verbs and they just change vowels.*

Yo conozco – Let us remove the "*O*" and we have "**Conozc**", now we can add the subjunctive endings.

Conocer – Know / Meet	Tener / Have
Que yo conozc*a*	Que yo teng*a*
Que tú conozc*as*	Que tú teng*as*
Que usted conozc*a*	Que usted teng*a*
Que él conozc*a*	Que él teng*a*
Que ella conozc*a*	Que ella teng*a*
Que nosotros conozc*amos*	Que nosotros teng*amos*
Que ustedes conozc*an*	Que ustedes teng*an*
Que ellos (as) conozc*an*	Que ellos (as) teng*an*

Ella no cree **que yo conozca** *a su esposo* – She doesn't think that I know her husband.

Ellos quieren **que yo conozca** *a su mama* – They want that I meet their mother.

Es urgente **que yo la conozca** – It is urgent that I meet her.

Es imperativo **que tengamos** *dinero* – It is imperative that we have money.

No es obligatorio **que** *siempre* **tangas** *la razón* – It is not an obligation that you always have to be right.

No creo **que ella tenga** *dinero* – I don't think that she has money.

Salir – Go out

Que yo salg*a*

Que tú salg*as*

Que usted salg*a*

Que él salg*a*

Que ella salg*a*

Que nosotros salg*amos*

Que ustedes salg*an*

Que ellos (as) salg*an*

Es mejor **que no salgas** *hoy* – It is better that you don't go out today.

Es urgente **que salgan** *de la casa* – It is urgent that you go out of the house.

Ellas quieren **que salgamos** *mañana* – They want that we go out to morrow with them.

Remarks:

Did you notice? It is the same regular conjugation for *"Ar / Er / Ir" verb*, just remember the rule of using the conjugation for *"Yo-I"* in the present indicative and you will be fine.

Verbs in "Ar / Er" stem change – Verbos en "AR / Er" con cambio de vocal.

When dealing with *"Ar / Er"* stem-changing verbs, the formula is the same with the exception that there is no stem change in the "*nosotros*" form.

Yo pienso – Let us remove the "*O*" and we have "*Piens*", now we can add the subjunctive endings. No stem change in the "*Nosotros*" form.

Pensar - Think

Que yo piense

Que tú pienses

Que usted piense

Que él piense

Que ella piense

Que nosotros *PENSEMOS*

Que ustedes piensen

Que ellos (as) piensen

*Es necesario **que pienses** lo mejor de mí* – It is necessary that you think the best of me.

*Es importante **que no pienses** nada mal de nosotros* – It is important that you don't think nothing bad about us.

Yo pierdo – Let us remove the "*O*" and we have "*Pierd*", now we can add the subjunctive endings. No stem change in the "*Nosotros*" form.

Perder - Lose

Que yo pierda

Que tú pierdas

Que usted pierda

Que él pierda

Que ella pierda

Que nosotros *PERDAMOS*

Que ustedes pierdan

Que ellos (as) pierdan

*Es importante **que no pierdas** la fe en Dios* – It is important that you don't lose faith in God.

*Siempre te amaré, a menos **que pierdas** el dinero* –
I will always love you, unless you lose the money.

Yo quiero – Let us remove the "**O**" and we have
"**Quier**", now we can add the subjunctive endings. No
stem change in the "**Nosotros**" form.

Querer - Want
Que yo quiera
Que tú quieras
Que usted quiera
Que él quiera
Que ella quiera
Que nosotros **QUERAMOS**
Que ustedes quieran
Que ellos (as) quieran

*Es importante **que quieras** decirme la verdad* – It is
important that you want to tell me the truth.

*Espero **que ella quiera** casarse conmigo* – I hope
that she wants to marry me.

Yo vuelvo – Let us remove the "**O**" and we have
"**Vuelv**", now we can add the subjunctive endings. No
stem change in the "**Nosotros**" form.

Volver – Come back / Return
Que yo vuela
Que tú vuelvas
Que usted vuelva
Que él vuelva
Que ella vuelva
Que nosotros **VOLVAMOS**
Que ustedes vuelvan
Que ellos (as) vuelvan

*Espero **que** nunca más **volvamos** a vernos* – I hope
that we don't see each other ever again.

Deseo **que** *nunca* **vuelvas** *a hablarme* – I wish that you never talk to me again.

Yo vuelo – Let us remove the "**O**" and we have "**Vuel**", now we can add the subjunctive endings. No stem change in the "**Nosotros**" form.

Volar - fly

Que yo vuele

Que tú vueles

Que usted vuele

Que él vuele

Que ella vuele

Que nosotros **VOLEMOS**

Que ustedes vuelen

Que ellos (as) vuelen

Ojalá **que no vuele** *el avión* – I wish that the plane doesn't fly.

Es urgente **que él vuele** *el helicóptero* – It is urgent that he flies the helicopter.

Yo cuento – Let us remove the "**O**" and we have "**Cuent**", now we can add the subjunctive endings.

Contar – Tell / Count

Que yo cuente

Que tú cuentes

Que usted cuente

Que él cuente

Que ella cuente

Que nosotros **CONTEMOS**

Que ustedes cuenten

Que ellos (as) cuenten

Es posible **que él cuente** *una nueva historia* – It is possible that he tells a new story.

Es probable **que ella cuente** *el dinero hoy* – It is

probably that she counts the money today.

Verbs in "Ir" stem change – Verbos en "Ir" con cambio de vocal.

When dealing with "*Ir*" stem-changing verbs, the formula is the same with the exception in the "*nosotros*" form. See rules below:

Verbs with "UE" stem change in indicative change to "U" in subjunctive for "Nosotros" form.

Yo duermo – Let us remove the "*O*" and we have "*Duerm*", now we can add the subjunctive endings.

Dormir - Sleep
Que yo duerma
Que tú duermas
Que usted duerma
Que él duerma
Que ella duerma
Que nosotros *DURMAMOS*
Que ustedes duerman
Que ellos (as) duerman

Es imposible **que durmamos** *tranquilos* – It is impossible that we sleep quietly.

Es recomendable **que te duermas** *ahora* – It is recommendable that you sleep now.

Verbs with "IE" stem change in indicative change to "I" in subjunctive for "Nosotros" form.

Yo siento – Let us remove the "*O*" and we have "*Sient*", now we can add the subjunctive endings.

Sentir - Feel
Que yo sienta
Que tú sientas

Que usted sienta

Que él sienta

Que ella sienta

Que nosotros *SINTAMOS*

Que ustedes sientan

Que ellos (as) sientan

Es posible **que ella sienta** *algo por ti* – It is possible that she feels something for you.

Es estupendo **que nos sintamos** *a gusto* – It is great that we feel fine.

Verbs with "E" stem change in indicative change to "I" in subjunctive for all conjugations.

Yo pido – Let us remove the "*O*"and we have "*Pid*', now we can add the subjunctive endings.

Pedir - Ask

Que yo pida

Que tú pidas

Que usted pida

Que él pida

Que ella pida

Que nosotros pidamos

Que ustedes pidan

Que ellos (as) pidan

Es curioso **que pidas** *ayuda* – It is curious that you ask for Help.

Es esencial **que pidamos** *ayuda si queremos sobrevivir* – It is essential that we ask for help if we want to survive.

Verbs ending in "Zar" change the"Z"to "C".

Yo empiezo – Let us remove the "*O*" and we have

85

"Empiez", *now let us change the "Z" to "C", we have* *"Empiec"* now we can add the subjunctive endings.

Empezar – Start / Begin
Que yo empiece
Que tú empieces
Que usted empiece
Que él empiece
Que ella empiece
Que nosotros empecemos
Que ustedes empiecen
Que ellos (as) empiecen

Es vergonzoso **que no empieces** *a trabajar* – It is a shame that you don't start to work.

Es una lástima **que no empiecen** *a comer* – It is a pity that you don't start to eat.

Verbs ending in "Ger / Gir" change the"G" to "J".
Yo escojo – Let us remove the *"O"* and we have *"Escoj"*, now we can add the subjunctive endings.

Escoger – Chose / Select
Que yo escoja
Que tú escojas
Que usted escoja
Que él escoja
Que ella escoja
Que nosotros escojamos
Que ustedes escojan
Que ellos (as) escojan

Hasta **que escojas** *entre nosotros* – Until you chose among us.

Sin **que escojamos** *ninguna solución* – Without chosing any solution.

Elegir – Elect / Select
Que yo elija
Que tú elijas
Que usted elija
Que él elija
Que ella elija
Que nosotros elijamos
Que ustedes elijan
Que ellos (as) elijan

Mientras **que elijamos** *al nuevo presidente* – While we elect the new president.

Hasta **que elijas** *tu sustituto* – Until you select your substitute.

Verbs ending in "Car" change the"C" to "Qu".
Yo busco – Let us remove the "*O*" and we have "*Busc*", let's change the "*C*" to "*Qu*" and we get "*Busqu*", now we can add the subjunctive endings.

Buscar – Search / Find
Que yo busque
Que tú busques
Que usted busque
Que él busque
Que ella busque
Que nosotros busquemos
Que ustedes busquen
Que ellos (as) busquen

Mientras **que busques** *la verdad, yo estaré bien* – As long as you search for the truth, I will be fine.

Ellos quieren **que yo busque** *el tesoro perdido* – They want that I search for the lost treasure.

Verbs ending in "Gar" change the"G" to "Gu".

Yo pago – Let us remove the "*O*" and we have "*Pag*", Let's change the "*G*" to "*Gu*" and we have "*Pagu*", now we can add the subjunctive endings.

Pagar - Pay

Que yo pague

Que tú pagues

Que usted pague

Que él pague

Que ella pague

Que nosotros paguemos

Que ustedes paguen

Que ellos (as) paguen

Ella quiere **que yo pague** *sus deudas* – She wants that I pay her debts.

Es importante **que paguemos** *la universidad* – It is important that we pay the university.

Expressions to use with the subjunctive – Expresiones para usar en el Subjuntivo.

Remember, any phrase with the "*ES*" plus "*ADJECTIVE*" plus "*QUE*" can be an expression indicating the subjunctive as long as it does not state any truth.

Dudar que	to doubt that
Es agradable que	it is nice that
Es bueno que	it's good that
Es curioso que	it is curious that
Es dudoso que	it is doubtful that
Es esencial que	it is essential that
Es estupendo que	it is great that
Es extraño que	it is strange that

Es importante que	it's important that
Es increíble que	it is incredible that
Es malo que	it's bad that
Es mejor que	it's better that
Es necesario que	it's necessary that
Es posible que	it's possible that
Es probable que	it's likely that
Es raro que	it's strange that
Es recomendable que	It is recommended that
Es una lástima que	it is a pity that
Es urgente que	it is urgent that
Es vergonzoso que	it is a disgrace / It is a shame that
Esperar que	to hope / wish that
Hasta que	until
Mientras que	meanwhile / while
Ojalá que	hopefully
Sin que	without

A little bit more – Un poco más

Casa – House

Alarma	Alarm
Cama	Bed
Cubrecama	Bed spread
Despertador	Alarm Clock
Gavetero	Chest of drawers
Reloj	Clock
Closet	Closet
Lámpara	Lamp
Cuadro / Pintura	Painting
Fotografía / Foto	Photograph / Photo

Almohada	Pillow
Sabanas	Sheets
Mesa de noche	Night Table
Loción para después del afeitado	Aftershave lotion
Bañera	Bathtub
Loción / Colonia	Cologne
Peine	Comb
Grifo / Llave	Faucet
Cepillo	Hairbrush
Cortador de uñas	Nail clipper
Perfume	Perfume
Máquina de afeitar	Razor (electric)
Champú	Shampoo
Crema de afeitar	Shaving cream
Ducha	Shower
Lavamanos	Sink
Jabón	Soap
Inodoro	Toilet
Papel de baño	Toilet paper
Cepillo de dientes	Toothbrush
Pasta de dientes	Toothpaste
Toalla	Towel
Toallita	Washcloth
Vela	Candle
Silla	Chair
Armario	Cabinet
Sacacorchos	Corkscrew
Taza	Cup
Tenedor	Fork
Cuchara	Spoon
Cuchillo	Knife
Plato	Plate

Teach Yourself Spanish Level Three

Porcelana	Porcelain
Mesa	Table
Mantel	Table cloth
Copa	Wine glass / Cup
Licuadora	Blender
Taza	Bowl
Cafetera	Coffee Maker / Coffee Pot
Plato	Dish
Lavaplatos	Dishwasher
Refrigerador	Fridge / Refrigerator
Vaso	Glass
Gabinetes de Cocina	Kitchen Cupboards
Microonda	Microwave
Servilleta	Napkin
Horno	Oven
Lavadero	Sink
Estufa	Stove
Tostador	Toaster
Sillón	Armchair
Cenicero	Ashtray
Flores	Flowers
Mecedora	Rocking chair
Sofá	Sofa
Mesita	Small table
Teléfono	Telephone
Televisión	Television
Jarrón	Vase
Contestador automático	Answering machine
Tarjeta de negocios	Business card
Computadora	Computer
Escritorio	Desk
Borrador	Eraser

Fax	Fax
Conexión de Internet	Internet connection
Teclado	Keyboard
Ratón	Mouse
Lapicero	Pen
Lápiz	Pencil
Sacapuntas	Pencil sharpener
Impresora	Printer
Regla	Ruler
Escáner	Scanner
Grapadora	Stapler

Exercises - Ejercicios

1- Write down three sentences using the present subjunctive mood.

_____

_____

_____

2- Use the appropriate present subjunctive mood in the following spaces:

Ellos no quieren que ustedes _____ (hablar)_____.

María tiene que _____comer_____ todo antes de salir.

Nosotros deseamos que ellos _____

empezar_____ a estudiar.

Tú esperas que nosotros _____saber_____ todo.

3- Write sentences that end with the following phrases:

_____ que yo escoja.

_____ que ella busque.

_____ que ellos paguen.

4- Write sentences starting with the following phrases:
Dudo que

_____

Es extraño que

_____

Es curioso que

_____

Es necesario que

_____

Es recommendable que

_____

5- Describe your bedroom using the following words: gavetero, cama, cubrecama, lámpara, closet y almohadas.

_____

_____

_____

_____

_____

_____

Reading Comprehension

1- ¿Por qué considera que ser dominicano es una bendición?

_____

2- ¿Qué clubes se mencionan en la lectura?

_____

3- ¿Quién canta "Sin Dios no Hay Nada"?

_____

4- ¿Cuál es mi cantante favorito?

_____

Knowledge Base
Dominican Republic - República Dominicana

Motto: Dios, Patria, Libertad - God, Homeland, Freedom.

Capital and largest city - Santo Domingo

Official language - Spanish

Demonym - Dominican

Government - Unitary presidential republic

President - Danilo Medina

Vice President - Margarita Cedeño de Fernández

Population - 2016 estimate - 10,075,045

Currency - Peso (DOP)

Calling code - +1-809, +1-829, +1-849

Bible Verse - Versículo Bíblico

Fíate de Jehová de todo tu corazón, Y no te apoyes en tu propia prudencia. Reconócelo en todos tus caminos, Y él enderezará tus veredas. **Proverbios 3:5-6**

Lesson 5

Entre Melfahs y D'aaras - Between Melfahs and D'aaras

Me habría encantado que tú *hubieras venido* conmigo a esta aventura desértica, que *hubieses conocido* a los Saharauis, la gente del desierto, que tú los *escuchases* decir que han habitado la región de Sahara Occidental por más de mil años. Te habrías maravillado, de oírlos hablar, son gente orgullosa y fuerte, que les *hubieses oído* hablar de su rico mestizaje y de su forma de vida. Que tú *hubieses tenido* la oportunidad de ver que a pesar de su condición de refugiados son defensores de su milenaria cultura y sobre todo que tú *hablases* con ellos de tu pasión por el diseño textil ya que su vestimenta para ellos es parte de su resistencia cultural.

Habría sido un sueño que tu *hubieras podido* ver de primera mano la riqueza de los colores y los diseños que engalanan tanto a hombres como a mujeres. Que te *hubiesen contado* lo que a mí, que los trajes tradicionales son las *melfahs y los d'aara*, las primeras usadas por las mujeres y los segundos por los hombres. Los Saharauis te habrían dicho que esas prendas de vestir no sólo cubren su desnudez, sino que también les ayuda a proclamar su cultura.

Me habría fascinado verte interactuar con ellos y *que te dijeran* como cada melfah está compuesta por cuatro metros de tela, *que hubieras visto* a sus mujeres ponérsela sobre su ropa de diario. Se hacen un nudo en cada hombro y van envolviendo la tela alrededor del cuerpo y con el extremo exterior se cubren el pelo. Estas mujeres son musulmanas así que deben traer el cabello cubierto y lo hacen con gran gracia haciendo uso de sus melfahs. Pero además esta vestimenta tiene también una utilidad práctica ya que les protege de la arena y los vientos del desierto.

Habría sido increíble *que compartieses* con ellos la forma en que tú tiñes tus telas y fijas sus colores ya que la forma en que ellos manejan el color es totalmente distinto al tuyo. Por ejemplo, uno de sus colores predilectos es el azul añil y las mujeres casadas tienen derecho a usarlo. Tiñen sus melfahs de este hermoso color pero no usan fijador, así que con cada postura la tela va destiñendo y ese añil de la melfah se transfiere a la piel de quien la viste aportándole un tono grisáceo a su piel.

También te habría encantado escuchar a las mujeres decirte cómo confeccionan los d'aara de los hombres, *que te hubiesen mostrado* uno de estos trajes hermosos y muy frescos, totalmente apropiados para los rigores del desierto. Estos van desde el blanco pasando por diversos tonos de azul hasta el azul oscuro. Estos trajes son muy anchos, se elaboran con siete metros de tela, tienen aperturas en sus lados y costuras por debajo.

Habría sido toda una experiencia para ti *que te*

permitiesen tocar estas finas telas de algodón *que parecieran* frágiles debido a su transparencia pero que sin embargo son de gran fortaleza pues resisten los rigores del ambiente y el trajín diario de quienes las usan.

He decidido que el mejor regalo para ti será una muestra de cada uno de estos trajes para que los conozcas de primera mano y *que no pensases* en lo arrepentida que estarías por el resto de tu vida al haberte quedado a asistir a un taller de tinte de textiles en vez de acompañarme a vivenciar de primera mano este arte milenario.

Word List – Listado de palabras

Entre Melfahs y D'aaras – Between Melfahs and D'aaras

Aventura desértica – Dessert adventure.

La gente del desierto – People of the dessert

Rico mestizaje – Rich mixture *(referring to skins and race)*.

Forma de vida – Way of life.

Condición de refugiados – Refugee's condition.

Milenaria cultura – Millenary culture.

Cubren su desnudez – Cover their nakedness

Proclamar su cultura – Proclaim their culture.

Un nudo en cada hombro – a knot on each shoulder.

Estas mujeres son musulmanas – These women are muslims.

Utilidad práctica – Practical utility *(Easy to wear)*.

Protege de la arena – Protect them from the sand.

Los vientos del desierto. – Winds of the dessert.

Pero no usan fijador – But they don't use colors *(in*

other words, their colors are natural).

Un tono grisáceo a su piel – A grey tone on their skin.

Los rigores del desierto – The chores of the dessert.

El trajín diario – The daily hardship or chores.

Vivenciar de primera mano – To live first hand *(Experience on first hand).*

Este arte milenario. – This millenary art.

Grammar Explanations – Notas gramaticales

Imperfect Subjunctive – Subjuntivo Imperfecto.

Whenever you want to express uncertainty about the past, you use the Imperfect Subjunctive. The good thing is that all the verbs (*whether they are regular, irregular, stem-changing, or spelling-changing verbs*) are conjugated the same way for all groups of verbs "*Ar-Er-Ir*".

Just take the third person plural "*Ellos*" conjugation from the Preterit or simple past "*Ellos hablaron – They talked*". Then drop the "*Ron*" ending and you will have "*Habla*". Now you are ready to add the Imperfect Subjunctive endings.

Hablar – Speak

Que yo habla*ra*

Que tú habla*ras*

Que usted habla*ra*

Que él habla*ra*

Que ella habla*ra*

Que nosotros hablá*ramos*

Que ustedes habla*ran*

Que ellos (as) habla*ran*

*Ellos querían **que yo hablara** inglés* – They wanted that I spoke English.

*Él nos recomendó **que nosotros estudiáramos** español* – He recommended that we studied Spanish.

*Yo querría **que ella comiera** más arroz* – I would wanted that she ate more rice.

*Ellos habían querido **que nosotros trabajáramos** hasta tarde* – They would have wanted that we worked until late.

Remarks:

The vowel preceding the *"Nosotros"* ending is always accented "*Habláramos*".

As you can see it does not matter if the main clause is in the past tense "the Preterit, the Imperfect or the Conditional", you will always end with "Que" plus the Imperfect Subjunctive.

Alternate Imperfect Subjunctive – Subjuntivo imperfecto alterno.

You have an alternate version of the Imperfect Subjunctive "Se", which is more used in formal conversation and in writing.

Hablar – Speak

Que yo habla*se*

Que tú habla*ses*

Que usted habla*se*

Que él habla*se*

Que ella habla*se*

Que nosotros habl*ásemos*

Que ustedes habla*sen*

Que ellos (as) habla*sen*

Ellos querían **que yo hablase** *inglés* – They wanted that I spoke English.

Él nos recomendó **que nosotros estudiásemos** *español* – He recommended that we studied Spanish.

Yo querría **que ella comiese** *más arroz* – I would wanted that she ate more rice.

Ellos habían querido **que nosotros trabajásemos** *hasta tarde* – They would have wanted that we worked until late.

Make sure you practice this tense very well and select the style you like the most.

Perfect Subjunctive – Subjuntivo Perfecto

The Perfect Subjunctive is used when the dependent clause is in the past. It is formed with the Present Subjunctive conjugation of "Haber" plus the past participle of the verb.

Que yo haya hablado

Que tú hayas hablado

Que usted haya hablado

Que él haya hablado

Que ella haya hablado

Que nosotros hayamos hablado

Que ustedes hayan hablado

Que ellos (as) hayan hablado

When doubting something.

Dudo **que ella haya venido** – I doubt that she has come.

When having a possible non-reality.

Necesito una historia **que haya tenido** *malas*

críticas – I am looking for a story that has gotten bad reviews.

When using expressions of emotions

Me sorprende **que hayas trabajado** *hoy* – I am surpsed that you have worked today.

When expressing a wish

Espero **que hayas dormido** – I wish that you have slept.

When expressing a negation

No es verdad **que hayamos dicho** *eso* – It is not truth that we have said that.

The Pluperfect Subjunctive – Subjuntivo Pluscuamperfecto

When using the Pluperfect Subjunctive, you are referring to an action that has been completed before the action of the main verb. It is formed by combining the "*Imperfect Subjunctive*" of "*Haber*" with the past participle of the main verb. Remember, there are two sets of conjugations "*Ra*" and "*Se*".

Set with "Ra" and "Se" endings.

Que yo hubie*ra* hablado
Que yo hubie*se* hablado
Que tú hubie*ras* hablado
Que tú hubie*ses* hablado
Que usted hubie*ra* hablado
Que usted hubie*se* hablado
Que él hubie*ra* hablado
Que él hubie*se* hablado
Que ella hubie*ra* hablado
Que ella hubie*se* hablado
Que nosotros hubié*ramos* hablado

Que nosotros hubié*semos* hablado

Que ustedes hubie*ran* hablado

Que ustedes hubie*sen* hablado

Que ellos (as) hubie*ran* hablado

Que ellos (as) hubie*sen* hablado

Me alegraba mucho **que todos hubieran pasado** *el examen.* - I was very happy that everyone had passed the exam.

Ellos no creían **que nosotros hubiéramos comprado** *cinco carros.* - They didn't believe that we had bought five cars.

When doubting something.

Dudo **que ella hubiera venido** – I doubt that she had come.

When having a possible non-reality.

Necesito una historia **que hubiera tenido** *malas críticas* – I am looking for a story that had gotten bad reviews.

When using expressions of emetions

Me sorprende **que hubieras trabajado** *hoy* – I am surpsed that you had worked today.

When expressing a wish

Espero **que hubieras dormido** – I wish that you had slept.

When expressing a negation

No es verdad **que hubiéramos dicho** *eso* – It is not truth that we had said that.

When using "**Ojalá que**" expressing a desire that something in the past had happened differently.

Ojalá **que hubiéramos podido** *verlo* – If only we could have seen it.

Ojalá **que hubieras llegado** a tiempo. - If only you

had arrived on time.

Diminutives – Diminutivo

The diminutive is a suffix that can be added to nouns, adjectives, adverbs, and names, expressing the idea of emotions such as affection, irony, humor, pity, and ridicule. Remember, the must match gender and number.

The two common diminutives groups are:

Ito	cito	ecito
Illo	cillo	ecillo

Most of the words ending in vowels with the exception of the vowel "E", you just drop final vowel and add "Ito" or "Illo".

Mesita – Little table.

Hermanito – Little brother.

Muchachita – Little girl.

Niñito – little boy.

Words that end in "E, N, R" with more than one syllable and / or with stressed vowels. **Cito – Cillo.**

Jovencita – Young lady.

Pobrecito – Poor little thing

Papacito – Daddy.

Actorcito – Third rate actor.

Mamacita – Momy.

Amorcito – little love.

Words ending in consontat and with one syllable. **Ecito – Ecillo.**

Panecillo	roll
Florecita	little flower
Piececito	Little foot.

Spell change in the diminutive. They are similar to

vowel stem change. These are irrigulars and there are many exceptions.

Chiquita – Chiquilla   Little girl.

Pedacito - pedacillo   Little piece.

These are just general rules, pay close attention, because you will find many others.

Augmentatives – Aumentativos

The augmentative is a suffix that can be added to nouns, adjectives, adverbs, and names, expressing the idea of emotions such as affection, irony, humor, pity, and ridicule. Remember, it must match gender and number.

Masculine	Feminine
Ón	ona
*Azo	aza
Ote	ota
Acho	acha

Grandón – grandote – very big

Hombrón – hombrote – Big / strong man.

Favorzote – huge favor

Solterón - Single

Ricachón – filthy rich.

*Mujerón – big / strong woman (beautiful woman).

Please note that feminine nouns generally take the suffix on and become masculine. (Mujer – mujerón).

Special attention to the "Azo" ending. It indicates a blow or strike when using it.

Pelotazo – Be hit with the ball.

Puñetazo – punch with the fist.

Cabezazo – head butt – Big hit with the head.
Codazo – Jab with the elbow.
Martillazo – Blow with the hammer.
Balazo - shot with a bullet.

Sometimes the augmentative form new words with their own meanings.
Llorón – Cry baby
Cordón – Shoelace
Cinturón – Belt
Humazo – Cloud of smoke
Pay close attention, since you will find many others in your Spanish speaking experience.

A Little bit more – Un poco más

Servicios y Establecimientos – Services and Stores.

Alcohol	Alcohol
Algodón	Cotton ball
Aspirinas	Aspirin
El almacén	Department store
El banco	Bank
El centro comercial	Shopping mall / shopping centre
El dentista	Dentist
El hospital	Hospital
El mercado	Market
El oculista	Optician
El salón de belleza	Beauty salon
El supermercado	Supermarket

Teach Yourself Spanish Level Three

El veterinario	Veterinarian
El zapatero	Shoemaker
Gasa	Gauze
Gotas nasales	Nose drops
Gotas para los oídos	Ear drops
La agencia de viajes	Travel agency
La barbería	Barber
La biblioteca	Library
La carnicería	Butcher
La comisaria	Police station
La farmacia	Drug store / Pharmacy
La ferretería	Hardware store
La floristería / La florería	Florist
La gallería de arte	Art gallery
La joyería	Jewellery store
La juguetería	Toy store
La lavandería	Laundry
La lechería	Dairy
La librería / La papelería	Bookstore / Stationary store
La licorera	Liquor store
La panadería	Bakery (Breads)
La pastelería	Bakery (Pastries, Cakes and Pies)
La peluquería	Hairdresser
La pescadería	Fishmonger
La sastrería	Tailor's
La tienda de antigüedades	Antique store
La tienda de deportes	Sporting goods store
La tienda de fotografía	Camera store
La tintorería	Dry cleaner

La zapatería	Shoe store
Pastillas para la tos	Cough drops
Tampones	Tampons
Toallas sanitarias	Sanitary napkins
Un condón	Condom
Un desinfectante	Disinfectant
Un laxante	Laxative
Un repelente para insectos	Insect repellent
Un somnífero	Sleeping pills
Un termómetro	Thermometer
Una crema antiséptica	Antiseptic cream
Una Curita	Band-aid
Una venda	Tensor bandage
Unos anticonceptivos	Contraceptives
Unos supositorios	Suppositories
Vitaminas	Vitamins
Yodo	Iodine

Exercises - Ejercicios

1   Write two questions and two answers using the imperfect subjunctive, using "comiera" and "cocinase".

----

2 Write two questions and two answers using the perfect subjunctive, using "paseado" and "despertado".

_____

_____

_____

_____

_____

1- Write down two questions and two answers using the pluperfect subjunctive, using "hubiera caminado" and "hubiese viajado".

_____

_____

_____

_____

_____

2- Express a doubt using "hubieran ido".

_____

_____

_____

3- Express an emotion using "hubieras amado".

_____

_____

_____

4- Express a wish using "hubieramos oído".

_____

_____

_____

5- Write a paragraph using ten words from the services and stores' list.

_____

_____

_____

_____

_____

Reading Comprehension

1- ¿Cómo se llaman los trajes típicos?

_____

2- ¿Qué colores usan los hombres?

_____

3- ¿Qué propósitos cumplen estas vestimentas?

_____

4- ¿Qué efecto tiene en la piel de las mujeres el color azul añil?

_____

Knowledge Base
Western Sahara - Sahara Occidental
Capital - Laayoune
Population - 586,000
Languages - Moroccan Arabic, Spanish, Berber, Hassaniya Arabic
Bible Verse - Versículo Bíblico
Todo lo puedo en Cristo que me fortalece.
Filipenses 4:13

Lesson 6
Mateando – Drinking Mate

A ambos lados del Río de la Plata nos encontramos con dos hermosos países, Uruguay y Argentina, si hay algo que los una más que su idioma es el compartir la famosa hierba mate con la que preparan una especie de té a toda hora y en todo lugar. He tenido el privilegio de visitar ambos países y conocer de primera mano las semejanzas y diferencias que esta costumbre tiene entre estas gentes. Si tuviera la oportunidad de volver a visitarlos lo haría sin pensarlo dos veces.

Aprendí que *si deseas* preparar esta popular bebida debes contar con el mate que es el recipiente de preparación, este puede ser de cerámica o porcelana, pero los más usados son metálicos ya que mantienen mejor la temperatura del agua; se debe tener una perilla, que es una especie de pitillo o cuchara por la que se absorbe la bebida, esta es cilíndrica en el extremo que se introduce en la bebida y chata en el que se pone en la boca, de esta forma los trozos de planta no pasan hasta la boca del que disfruta del té; se requiere de agua muy caliente y de la hierba mate. *Si pudieras* estar presente en ese momento sentirías el aroma que esta bebida despide, es indescriptible, entre dulce y amargo.

A pesar de que en ambos países se disfruta de esta

hierba por igual, existen ciertas diferencias que pude observar en su preparación. En Argentina el mate tiene la boca reducida ya que los argentinos creen que si la boca es de pequeño diámetro el té permanece caliente por más tiempo. Por otra parte ellos usan tanto las hojas como los tallos de la planta de hierba mate, dicen que estos últimos poseen un alto grado nutricional y que *si se desechan* se perdería parte primordial de la planta. A la hora de prepararlo usan un solo mate para todo el grupo que se reúne a tomarlo y una de las personas es el cebador. *Si tuvieran* más de uno guardarían el resto y seguirían usando uno solo de ellos. *Si eres* el cebador te corresponde preparar el té y pasarlo alrededor del grupo para que todos sorban de la misma perilla, *si desean* seguir bebiendo y se ha terminado, será el cebador quien haga la nueva preparación dejando siempre parte de la hierba usada en la preparación anterior debajo de la hierba que pone para la nueva preparación.

En Uruguay vi elementos distintos, si un grupo se reúne a matear, cada cual tendrá consigo su propio mate y sólo comparten el momento, dicen que *si lo hacen* así será más higiénico. La hierba mate que usan sólo contiene las hojas considerando que los tallos son desecho que sólo disminuyen el sabor. El mate es de boca ancha para que quepan mayor cantidad de hojas y el sabor sea más fuerte. La diferencia más notoria respecto a argentina es que los uruguayos hacen uso de un termo para mantener el agua caliente a lo largo del día y *si lo desean* poder disfrutar de la bebida a *cualquier* hora del día o la noche, no es raro verles con un termo bajo el brazo, lo que los hace estar preparados para matear en cualquier momento.

Si hubiera tenido dinero suficiente hubiera comprado los implementos necesarios en ambos países para poder preparar un rico mate al llegar a casa. *Si lo hubiera* hecho hubiera invitado a toda mi familia a disfrutarlo. *Si lo hubiera hecho* ellos hubieran sentido que les había traído una parte de esas hermosas culturas.

Si hay algo cierto es que en ambos países el matear se considera más que un evento social y la hierba mate más que una bebida, es parte enraizada de su cultura y lo consideran casi una religión. *Si vienes* a visitar estos países disfrutarás de un sabroso mate. *Si no lo* haces sentirás que te has perdido de gran parte de su cultura.

Word List – Listado de palabras
Mateando – Drinking mate
Hierba mate – Mate herb
Las semejanzas y diferencias – Likeness and differences
Una perilla – Drinking knob
Absorbe la bebida – Absorbs the drink
El aroma que esta bebida emana – The fragance that is emanates
Los tallos de la planta - The stalks of the plant.
Un alto grado nutricional – a high nutritional degree
Para que todos sorban – for everyone to slurp.
Los implementos necesarios – the needed

implements.

Un evento social - a social event.

Es parte enraizada – it is a rooted part.

Casi una religión – almost a religion

Grammar Explanations – Notas gramaticales

If clauses – Sí condicional.

When using "*Sí Condicional*", you are expressing what could happen if some condition is met. Notice the accent in "*Sí*".

If clause in the present tense – Sí Condicional en el presente.

Sí corres rápido, te *caes.* – If you run fast, you fall.

Sí no comes, te enfermas – If you don't eat, you get sick.

Puedes sanarte *sí tomas* tus medicamentos – You can get well if you take your meds.

Sí comes, debes beber – If you eat, you should drink.

Remarks:

As you can see, you have the present in the first part of the sentences (**first clause**) and the present in the second part of the sentence (**second clause**). Of course, you can always switch the order.

If clause with the present and future – Sí Condicional con el presente y futuro.

You need the "Present tense" for your "If clause", and the "Future tense" for your main clause.

Sí vienes mañana, *iremos* a pescar – If you come

tomorrow, we will going fishing.

Sí llueve esta noche, no iré a la iglesia – If it rains tonight, I will not go to church.

No iré a la escuela mañana, sí llueve – I will not go to school tomorrow, if it rains.

Sí hay huelga, no trabajaré el lunes – If there is strike; I will not work on Monday.

Remarks:

As you can see, the "*if clause*" is always in present, while the other part of the sentence is in future. You can always switch the order of the sentences.

If clause with Imperfect subjunctive and conditional – Sí com el Subjuntivo imperfecto y el condicional.

Remember that the Imperfect subjunctive has two sets *"Ra"* and *"Se"*. It is a good idea for you to master both of them first and then stick to the set you like the most to use *"Ra"* or *"Se"*. I personally like better the *"Se"* set. Of course, do not forget about the conditional. The "*if clause*" is used for unreal or hypothetical situations.

Sí pudiera trabajar, te compraría un carro – If I could work, I would buy you a car.

Sí fuera tú, aprendería español – If I were you, I would learn Spanish.

Estudiaría inglés, sí tuviera la posibilidad – I would study English, if I had the chance.

Sí tuviera visa, viajaría a Japón – If I had visa, I would travel to Japan.

Sí pudiera, sería rico – If I could, I would be rich.

If clause with Past perfect subjunctive – Sí condicional con el Pasado perfecto subjuntivo.

Sí hubiera tenido más dinero, *hubiera comprado otro carro.* – If I had had more money, I would have bought another car.

Sí hubieses estudiado cuando joven, *hubieses sido rico* – If you had had studied when young, you would have been rich.

Remarks:

You can mix the "*if clause*", if you wish. Once you master the above rules, you can play around and practice with your friends.

Sí hubiera tenido más dinero, *habría comprado otro carro.* – If I had had more money, I would have bought another car.

The suffix "Quiera" – El sufijo "Quiera".

These words are the English equivalent for "**Ever**". These are the most common ones. This suffix comes from the verb "**Querer**".

Wherever - Dondequiera

Donde quiera que voy, encuentro un amigo – Wherever I go, I find a friend.

Dondequiera is sometimes shortened to "Doquiera".

To wherever - adondequiera

Ella va a dondequiera que la envio – She goes wherever I send her to.

In whatever way / however - comoquiera

Comoquiera que sea, gracias por tu ayuda –

Whatever way, thanks for your help.
Comoquiera is often spelled as "como quiera"

Whichever / any - cualquiera
Cualquiera que estudie este libro, va a aprender español – Anyone who studies this book will learn Spanish.
Sometimes used in plural as "cualesquiera"

Whoever / whomever, anyone – quienquiera.
Quienquiera que seas, no me interesa – Whoever you, I am not interested.
Sometimes used in plural as "quienesquiera"

Whenever – cuandoquiera
Puedes visitarme cuandoquiera – You can visit me whenever.

Remarks:
When used as a singular adjective, it is shortened to "Quier".
Cualquier hombre - whichever man
Cualquier mujer – Whichever woman
Cualquier problema – Whichever problema.
Be careful if you ever use "cualquiera" with as an adjective for a woman or a man. It is very offensive.
Eres una cualquiera – You are a promiscuous girl or woman (You are trash – nothing).
Eres un cualquiera - You are a promiscuous boy or man (You are trash – nothing).

A Little bit more – Un poco más

Animales – Animals

Alce	Moose
Ardilla	Squirrel
Ballena	Whale
Buey	Ox
Búfalo	Buffalo
Caballo	Horse
Cabra	Goat
Camello	Camel
Canguro	Kangaroo
Castór	Beaver
Cebra	Zebra
Cerdo	Pig
Chimpancé	Chimpanzee
Chita	Cheetah
Conejo	Rabbit
Delfín	Dolphin
Elefante	Elephant
Foca	Seal
Gato	Cat
Gorila	Gorilla
Hiena	Hyena
Hipopótamo	Hippopotamus
Jirafa	Giraffe
Koala	Koala
León	Lion
Leopardo	Leopard
Lince	Lynx
Lobo	Wolf
Manatí	Manatee
Mandril	Baboon

Marsopa	Porpoise
Zorrillo	Skunk
Mono	Monkey
Morsa	Walrus
Murciélago	Bat
Nutria	Otter
Orca	Orca
Oso	Bear
Oso perezoso	Sloth
Oveja	Sheep
Panda	Panda
Perro	Dog
Puercoespín	Porcupine
Puma	Cougar
Rata	Rat
Ratón	Mouse
Rinoceronte	Rhinoceros
Tigre	Tiger
Toro	Bull
Vaca	Cow
Venado	Deer
Zorro	Fox

Exercises - Ejercicios

1- Using the if clause in the present tense write down a five lines paragraph.

_____

_____

_____

_____

_____

_____

2- Write two sentences using the present tense for the if clause and the future tense for the main clause.

_____

_____

3- Write two sentences with the if clause with imperfect subjunctive and conditional.

_____

_____

4- Write down a paragraph using the past perfect subjunctive, beginning with:

Si hubiera Ganado la loteria yo hubiera

_____

_____

_____

5- Using the animals from the animals' list group them in one of the following groups:

Salvajes:_____

_____

_____

Marinos:_____

_____

_____

Granja:_____

_____

_____

Domésticos:_____

_____

_____

Reading Comprehension

1- ¿En qué países se matea?

_____

2-   ¿En qué país se usa el tallo de la planta?

_____

3-   ¿Cómo es la bombilla?

_____

4-   ¿En qué se diferencia el mate de Uruguay al de Argentina?

_____

5-   ¿Para qué sirve el termo?

_____

Knowledge Base
Oriental Republic of Uruguay - República Oriental del Uruguay
   Motto: Libertad o Muerte - Freedom or Death.
   Capital and largest city - Montevideo
   Official language - Spanish
   Demonym - Uruguayan
   Government - Unitary presidential constitutional republic
   President - Tabaré Vázquez
   Vice President - Raúl Sendic
   Population - 2016 estimate - 3,427,000
   Currency - Uruguayan peso (UYU)
   Calling code - +598

Bible Verse - Versículo Bíblico

Con Cristo estoy juntamente crucificado, y ya no vivo yo, más vive Cristo en mí; y lo que ahora vivo en la carne, lo vivo en la fe del Hijo de Dios, el cual me amó y se entregó a sí mismo por mí. **Gálatas 2:20**

Lesson 7

El Libertador – The liberator

Simón Bolívar nació en una de las familias más acaudaladas, en Caracas Venezuela, el 24 de julio de 1.783. Quedó huérfano de niño y fueron sus familiares quienes se ocuparon de su formación. Siendo aún pequeño apenas *hubo visto* una oportunidad, abrió todas las jaulas de su casa, para dejar los pájaros, palomas, canarios y papagayos *que volaren* en libertad.

Su familia, apenas siendo un joven lo *hubieron enviado* a viajar por todo el mundo y tuvo la oportunidad de conocer e intimar con grandes figuras de la época no importando las teorías, pensamientos o ideologías que practicaban; esto permitía *que él aprendiere*, se formare y estuviere listo para el momento de comenzar lo que serían las luchas de su vida, por su patria. Tan pronto como él *hubo estado* en Roma, visito el Monte Sacro donde pronunció: *"Juro por el Dios de mis padres. Juro por mi patria, juro por mi honor, que no daré tranquilidad a mi alma, ni descanso a mi brazo, hasta no ver rotas las cadenas que oprimen a mi pueblo por voluntad de los poderosos"*.

Tan pronto Simón Bolívar se sintió capacitado, *hubo regresado* a la América donde él *hubo*

125

cumplido su juramento del Monte Sacro. Bolívar *hubo ejercido* el liderazgo de la empresa política más grandiosa *que hubo conocido* la humanidad. Así que en su empeño *hubo liberado* 5 naciones: *Venezuela, Colombia, Ecuador, Perú y Bolivia*; es posible *que él hubiera liberado* toda la América que aún *hubo estado* bajo el dominio de potencias de más allá del mar. Tan pronto como una aniquilante hemoptisis relacionada con tuberculosis lo *hubo diezmado,* quedó impedido para terminar su campaña libertadora, así que su ilusión de formar repúblicas sólidas mediante la construcción de un estado fuerte y democrático no se *hubo cumplido.*

Una vez que existe un gran legado de pensamientos que Simón Bolívar *hubo plasmado en* sus citas, cartas, discursos, manifiestos, proclamas y documentos, es factible que él se hubiese referido a una situación específica en muchos casos, pero la gran mayoría de sus ideas es indiscutible que estuvieren vigentes y que fueren aplicables a situaciones presentes; sin temor a equivocarnos afirmamos que ellas también hubieran tenido vigencia en los tiempos por venir.

Dado que la obra del Libertador es muy extensa solo nos hemos permitido transcribir, palabras más, palabras menos, algunos de sus pensamientos, confiando que sea suficiente para que ustedes evalúen la clase de ser del que *hubimos hablado.*

"*Me vería como un hombre indigno, si yo hubiere sido capaz de asegurar lo que no estoy cierto de cumplir*".

"*Los beneficios que se hacen hoy se reciben*

mañana, porque Dios hubiere premiado la virtud en este mundo".

"La declaración de la República de Venezuela, hubo sido el acta más gloriosa, más heroica, más digna de un pueblo digno".

"El que lo abandona todo por ser útil a su país, no pierde nada, y hubo ganado cuanto le consagra"

"La ingratitud es el crimen más grande que hubieran podido los hombres atreverse a cometer"

"No siempre lo justo hubo sido lo conveniente, ni lo útil, lo justo".

"Tengamos una conducta recta y dejemos al tiempo que hubiere hecho prodigios".

"Yo hube proclamado la libertad absoluta de los esclavos".

"Un soldado feliz que no hubiere adquirido ningún derecho para mandar su patria. No es el árbitro de las leyes ni del gobierno. Él defendiere su libertad".

"El arte de vencer se aprende después que hubieron perdido en las derrotas".

"Un pueblo ignorante, hubiere sido el instrumento de su propia destrucción".

"En cuanto el clarín de la patria hubo llamado, el llanto de la madre calla".

"Maldito el soldado que hubiere apuntado su arma contra su propio pueblo".

"Bajo la dictadura ¿Quién hubiere hablado de libertad?".

"Contra los canallas pueden usarse las armas que usaren ellos mismos".

"Cuando hubo pensado en criticar los defectos de los demás, hubiere corregido primero los suyos, que *nadie es perfecto en esta tierra".*

"Amo la libertad de América más que mi gloria propia, y para conseguirla no hube ahorrado sacrificios".

"El destino del Ejercito es guarnecer la frontera. ¡Dios nos preserve de que volviere sus armas contra los ciudadanos!".

"La continuación de la autoridad en un mismo individuo frecuentemente hubo sido el termino de los gobiernos democráticos".

"La suerte de Venezuela no me hubiera podido ser indiferente, ni aún después de muerto".

"Todos los pueblos del mundo que hubieron lidiado por la libertad, hubieron exterminado al fin a sus tiranos".

"Hube sido víctima de mis perseguidores, que me condujeren a las puertas de la tumba, yo los perdono".

"Los asesinos, los ingratos, los maldicientes y los traidores, hubieron rebosado la medida de mi sufrimiento".

"Es mi voluntad, que después de mi fallecimiento, mis restos mortales se depositaren en Caracas, Venezuela, en mi país natal".

"Si mi muerte contribuyere para que cesen los partidos y que se consolidare la unión, yo hubiere bajado tranquilo al sepulcro".

En medio de delirios el 17 de diciembre de 1.830, Simón Bolívar **hubo muerto**, en Santa Marta, Colombia, sólo, exiliado y defenestrado de los territorios **que hubo liberado**. Después **que hubo invertido** su fortuna en la liberación de América, *él* **hubo muerto** en la más extrema pobreza.

Así que, ustedes *hubieron podido* descubrir en esta muestra de sus pensamientos, de quien *hubimos hablado*; él no *hubo dejado* hijos, pero no hay duda que el ideario que él nos legare, sigue vigente e inequívocamente ese ideario *hubiere seguido* vigente en los tiempos por venir.

En estos 186 años desde su muerte se hubieron alternado gobiernos democráticos y regímenes dictatoriales. Hoy están viviendo en Venezuela una hora menguada, la peor época de la vida republicana. Ellos han soportado una feroz hambruna, falta de medicinas, represión inhumana, inseguridad creciente, el régimen hubo desconocido los demás poderes, traficado con drogas, violado los derechos humanos, asignado el salario mínimo menor de América, mantenido la inflación en 600%. El Secretario General de la OEA. Hubo calificado al régimen como el más corrupto del Continente. Los verdaderos ciudadanos hubieron sentido pena ajena, se hubieron avergonzado. No es por esto por lo que Simón Bolívar se hubo ofrendado. Hoy la lucha del régimen no hubo sido contra el Imperio español, sino contra sus propios connacionales.

Aun cuando el Libertador no hubo dejado descendencia, su única hermana *Juana Nepomucena Bolívar y Palacios*, si procreó y en la sexta generación hubo nacido *Leopoldo Eduardo López Mendosa*, joven de 45 años, quien al igual que su glorioso antepasado, hubo luchado por su libertad y democracia con coraje, pasión y valentía, porque lo *hubo llevado* en su sangre, luego que él fuere un brillante venezolano, cuenta con cantidad de reconocimientos, premios, condecoraciones y títulos. Aun cuando sus actividades son pacíficas el régimen *hubo temido* de su existencia. Al ser Leopoldo un líder de la oposición, el régimen presume que él los *hubiere defenestrado*. Así que el régimen lo hubo puesto preso en una cárcel militar en una celda de 2 por 2 metros en las peores condiciones; Aun cuando ellos *hubieron esgrimido* sus causas infundadas, la verdadera razón de su encierro es: *pensar diferente*. Leopoldo hubo sido dueño de gran valor, perseverancia y un prolífico verbo, él dijere: "*Prefiero decirle a mis dos hijos por qué estoy preso, que tener que explicarles por qué no tienen país*".

De tal palo, tal astilla. Hubieren sido dos estilos, dos épocas, dos líderes que tuvieren la misma sangre, los mismos genes y que hubieren dado un solo grito: "*Libertad*".

Nota de autor; Los datos históricos son citados de: www.literato.es/pensamientos_de_simon_bolivar

https://es.wikipedia.org/wiki/Simón_Bolívar

www.venezuelatuya.com/biografias/bolivar.htm

Word List – Listado palabras

Las familias más acaudaladas – The richiest families.

De su formación – Of his formation (*In this case, means his growing process and education*)

Todas las jaulas – All the cages.

Intimar con grandes figuras – Share with great people (*Intimar means intimate, but in this case, is used to express sharing and acquaintence*)

Pensamientos o ideologías – Thoughts or

ideologies.

Una aniquilante hemoptisis – A killing hemoptisis.

Tuberculosis lo hubo diezmado – Tuberculosis lowered him down (*Diezmar means tithe, but we use it in literal writings to express how someone has been lowered or his strength decrease-abate*)

Los tiempos por venir – Times to come.

Defenestrado de los territorios – Defenestrated from the territories.

El ideario que él nos legare – The ideals he left us as legacy.

Una hora menguada – A decrease time (*meaning a time of recession*)

Una feroz hambruna – A fierce famine.

Grammar Explanations – Notas gramaticales

This lesson will slightly show you some old fashion and obsolete tenses in Spanish, that you will likely see it in literary and legal contexts.

Preterit Perfect – Pretérito Anterior

The "Pretérito Anterior" is used when referring to an action in the past that occurred just before another action in the past. It is hardly use in spoken Spanish. You can mostly find it almost exclusively in formal writing such as literature. It can only be used after expressions like "*Apenas, cuando, después de que, tan pronto como, así que, en cuanto, luego que, no bien, una vez que*" that mean "*when*" or "*as soon as.*" *Its non-literary equivalents are the Preterit and pluperfect.*

| Yo | hube | hablado |
| Tú | hubiste | hablado |

Usted	hubo	hablado
Él	hubo	hablado
Ella	hubo	hablado
Nosotros	hubimos	hablado
Ustedes	hubieron	hablado
Ellos (as)	hubieron	hablado

*Cuando **hubieron salido,** empezamos a llorar.* - When they had left, we began to cry.

*Después de que **hubimos comido,** fuimos a la tienda.* - After we ate, we went to the store.

Apenas **hube terminado** cuando ella llegó. - I had hardly finished when she arrived.

Remarks:

I have listed this time for your reference and learning experience. That way when you see it somewhere in writing or in some expressions you know how to use it. No need to worry about it.

Future Subjunctive – Subjuntivo Futuro.

The Future Subjuntvice describes hypothetical, future action. It is formed just as the Imperfect Subjunctive. Take the third person plural "***Ellos***" in its Preterit form *"**Hablaron**"*, drop the "***Ron***", you will have *"**Habla**"* and then add the corresponding endings.

Que yo habla*re*

Que tú habla*res*

Que usted habla*re*

Que él habla*re*

Que ella habla*re*

Que nosotros hablá*remos*

Que ustedes habla*ren*

Que ellos (as) habla*ren*

*No creo **que hablare** el presidente* – I don't think that the president will speak.

*No creo **que comieren** los muchachos* – I don't think that the boys will eat.

Remarks:

As you can see, the "*Yo*" and "*Usted / Él / Ella*" form are identitical.

Remember the accent in the "*Nosotros*" form.

The future subjunctive endings are very similar to imperfect subjunctive endings. The only difference is where the imperfect subjunctive uses an "**A**" the future subjunctive uses an "*E*".

Future Perfect Subjunctive – Subjuntivo Futuro Perfecto.

Future Perfect Subjunctive is rarely used in modern day Spanish. You will only see it in literature and legal documents. Of course, it is definitely a useful mood to be able to recognize. It is used to indicate actions that *"will have"* happened in the future at a certain point.

It is formed by combiding the Future Subjunctive of the verb "*Haber*" plus the part participle of the verb.

Que yo hubiere hablado

Que tú hubieres hablado

Que usted hubiere hablado

Que él hubiere hablado

Que nosotros hubiéremos hablado

Que ustedes hubieren hablado

Que ellos (as) hubieren hablado

*Es posible que ellos **hubieren dormido** por 5 días. -* It is possbile that they will have slept for 5 days.)

*Tú hubieras dormido si **hubieres tenido** la oportunidad.* - You would have slept if you had had the opportunity.

*No creemos que **nosotros hubiéremos comprado** un carro.* - We don't believe that we will have bought a car.

A Little bit more – Un poco más

Pájaros / Aves	–	Birds
Águila		Eagle
Avestruz		Ostrich
Buitre		Vulture
Canario		Canary
Cigüeña		Stork
Cisne		Swan
Colibrí		Hummingbird
Cuervo		Crow
Flamenco		Flamingo
Ganso		Goose
Gaviota		Seagull
Halcón		Hawk
Pájaro carpintero		Woodpecker
Paloma		Dove / Pigeon
Papagayo / Cotorra		Parrot
Pato		Duck
Pavo		Turkey
Pavo real		Peacock
Pelicano		Pelican

Pingüino		Penguin
Búho		Owl
Insectos	–	**Insects**
Abeja		Bee
Araña		Spider
Avispa		Wasp
Chinche		Bedbugs
Ciempiés		Centipede
Cucaracha		Cockroach
Escarabajo		Beetle
Escorpión		Scorpion
Grillo		Cricket
Hormiga		Ant
Libélula		Dragonfly
Mantis		Praying Mantis
Mariposa		Butterfly
Mariposa nocturna		Moth
Mariquita / Tortolita		Lady Beetle (Lady Bug)
Milpiés		Millipede
Mosca		Housefly
Mosquito / Zancudo		Mosquito
Piojo		Lice / Louse
Saltamontes		Grasshopper
Termita		Termite

El desafío – The challenge

Como ya has terminado el curso de español, estoy completamente seguro que estás preparado para este desafío. Espero que hayas seguido mis instrucciones correctamente, de lo contrario serás vencido en este desafío.

¿De qué se trata el desafío? Es sencillo, quiero

demostrarte que tienes la capacidad de poder hablar sobre cualquier tema en español. Aun no te sientes convencido de que tu nivel de español sea lo suficientemente bueno como para hablar libremente. *¿Por qué te sientes tan tímido aun? ¿Por qué no crees en tu nivel de aprendizaje?*

Ya has estudiado 22 lecciones en español, equivalente a 2 o más años universitarios. Has adquirido un amplio vocabulario, has dominado la gramática española. *¿Por qué aun no te sientes preparado?* Creo saber la razón por la cual aún te sientes tímido en tu hablar.

Creo que no seguiste mis instrucciones correctamente, una de las primeras cosas que te sugerí, fue que necesitabas buscar amigos nativos para poder hablar. De hecho, te dije desde el principio que "**La práctica hace al maestro**". *¿Cómo puedes practicar sino tienes con quien hacerlo?*

Creo que es tiempo de tocar puertas sino tienes un grupo de amigos que sean nativos en el idioma español. Si ya lo tienes, es aún mejor. Esto quiere decir que estas súper preparado para cualquier situación en español.

Sino lo tienes, entonces, significa que aun te falta mejorar tu español y esta es la razón por la cual no te sientes preparado.

Aun estas a tiempo, *¿Has buscado en tu trabajo? ¿Has hablado con todos los que hablan español? ¿Y qué tal tus amigos y hermanos en tu comunidad?* O en la iglesia. *¿Sabías que la iglesia es el mejor lugar para hacer amigos? ¿Y a la vez para encontrar personas que hablen español? ¿Qué estás esperando?*

Muévete y visita la iglesia más cercana, así podrás desarrollar tus habilidades en español. Puedes unirte a los programas en la comunidad de habla hispana. Esto te dará la oportunidad de experimentar directamente con otras personas que hablen español.

Está bien, no te voy a presionar más. Vamos a suponer que hiciste trampa en tus estudios y que no escuchaste mis instrucciones de aprender bien cada lección antes de pasar a la siguiente. Como podrás ver, este es el resultado de no seguir las instrucciones. Es tiempo de que te decidas si en verdad quieres aprender español bien o solo a hablar un poquito. *¿Cuál es tu decisión?* Bravo, inteligente decisión. Ya sabía que tomarías la decisión correcta de aprender bien el idioma español.

¿Qué tienes que hacer entonces? Aunque sientas que te sabes el contenido de las 22 lecciones, te recomiendo que comiences por la lección 1 una vez más. Pero esta vez, no harás trampa. Esta vez seguirás todas mis instrucciones. Al final de cada lección tomarás un poco de tu tiempo para practicarla con un nativo de habla español, porque ya tienes tus amigos para practicar.

Recuerda, no importa que no hables perfectamente, lo importante es que lo que sepas, puedes expresarlo. Aprender un idioma consta de 2 partes esenciales.

Primero, debes poder comunicar tus pensamientos e ideas; ósea, debes hablar y hacerte entender cuando estés hablando. Tus ideas deben estar claras para que la otra persona pueda entenderte bien.

Segundo, debes poder entender las palabras e ideas

que la otra persona está comunicándote. No es necesario que entiendas el 100% de todas las palabras. Créeme que aun yo me encuentro en ocasiones que no entiendo todo. ¿Puedes tú entender a toda persona en Ingles, todas las palabras? No. A veces es difícil entender algunas personas. Pero tu objetivo es entender la idea general y poder responder a estas palabras adecuadamente.

En resumen,

Para hablar bien un idioma debes poder comunicarte eficazmente y entender efectivamente. Si logras estas dos partes, puedes decir que ya hablas español.

Por último, quiero recordarte que para poder hablar bien, debes aprender ***a pensar en español***, no en inglés. Y la única forma de lograrlo es hablando, leyendo, escuchando música, viendo películas en español sin subtítulos todo el tiempo.

Para que comprendas la importancia de estudiar y adquirir conocimiento comparto contigo este pensamiento.

¿Puedes tú dar lo que no tienes? ¿Cómo podrías dar algo que no tienes? Exacto. Solo puedes dar de lo que tienes o posees. Me alegra que hayas entendido el concepto.

De la misma forma pasa con los idiomas *¿Cómo puedes hablar sino tienes ningún contenido en tu mente? ¿Cómo puedes obtener un buen contenido y vocabulario sino estudias? ¿Cómo puedes expresarte correctamente sino conoces la gramática?*

Este es un concepto bíblico que se aplica a todas las situaciones y a todas las áreas de nuestras vidas.

En conclusión,

A estudiar y a adquirir más conocimientos. No te limites a este libro nada más, ya lo has estudiado, ahora es tiempo de interactuar con las personas, leer otros libros, leer la Biblia, etc.

¿Qué crees si entonces hablamos del desafío? Buena idea.

Si no te habías dado cuenta, ya has pasado el desafío. *¿Has entendido bien el contenido de lo que hemos discutido más arriba?* **Este era el desafío, entender esta conversación y lo has logrado.**

¿Qué tanto has entendido? **Puedes enviarme un email o una nota con tus comentarios, diciéndome cuanto has entendido. Me gustaría saber cómo ha sido tu experiencia en tus estudios del idioma español.**

Espero que hayas entendido todo, porque el 98% del contenido ya lo hemos visto en estas 22 lecciones pasadas.

Estas podrían ser algunas palabras o frases nuevas.
Desafío – Challenge.
De lo contrario – On the contrary.
Que tienes la capacidad - That you have the skill.
Tu nivel de aprendizaje – Your learning level.
Un amplio vocabulario – A large vocabulary.
Has dominado – You have mastered.
Desarrollar tus habilidades – Develop your skills.
Los programas en la comunidad – Programs in the community.
Presionar – Put pressure.
Que hiciste trampa – That you cheated.

Un nativo de habla español – A Spanish native.
Comunicarte eficazmente – Communicate efficiently.
Entender efectivamente – Understand effectively.
El concepto – The concept.
Interactuar con las personas – Interact with people.

Bienvenido al mundo de habla hispana. Ya estás preparado para hablar y comunicarte en español.

Exercises - Ejercicios
1 Write 3 sentences using Preterit Perfect.

_____

_____

_____

2 Write 3 sentences using Future Subjunctive.

_____

_____

_____

3 Write 3 sentences using Future Perfect Subjunctive

_____

_____

Questions, sentences and names
When is the Preterit Perfect used?

What describes the Future Subjunctive?

What is the Future Perfect Subjunctive used for?

Write a five expressions list that are used before the Preterit Perfect

----

_____

_____

_____

Add the corresponding endings

Que yo habla_____

Que nosotros habla_____

Que tú habla_____

Que ustedes habla_____

Que usted habla_____

Que ellos (as) habla_____

Que él o ella habla_____

Fill in the blanks the Future Subjunctive of the verb "haber" with the Past Participle of the verb "cantar".

Que yo_____

Que nosotros_____

Que tú_____

Teach Yourself Spanish Level Three

Que ustedes_____

Que usted_____

Que ellos (as)_____

Que él o ella_____

Write 10 names of birds

_____

_____

_____

_____

_____

Write 10 names of insects

_____

_____

_____

_____

Knowledge Base

Bolivarian Republic of Venezuela - República Bolivariana de Venezuela

Capital and largest city - Caracas

Official language - Spanish

Demonym - Venezuelan

Government - Federal presidential republic

President - Nicolás Maduro

Vice President - Aristóbulo Istúriz

Population - 2016 estimate census - 31.416 million

Currency - Bolívar fuerte (VEF)

Calling code - +58

The "Bolivarian Republic of Venezuela" has been the full official title since the adoption of the new Constitution of 1999, when the state was renamed in honor of Simón Bolívar. The Constitution also recognizes all indigenous languages spoken in the country.

Bible Verse - Versículo Bíblico

Y todo lo que hagáis, hacedlo de corazón, como para el Señor y no para los hombres. **Colosenses 3:23**

Conclusion

Thank you very much for selecting for your learning experience Teach Yourself Spanish By Yeral Ogando. Luckily, you've reached the end of the course, therefore, you are ready to speak Spanish with anyone.

I encourage you to continue practicing and speaking Spanish at all times, as I have already said Practice makes perfect. Visit my websites for more information.

Dios te bendiga y nos vemos la próxima vez.

Dr. Yeral Ogando
www.aprendeis.com

BONUS PAGE

Dear Reader,

You need to download the MP3 Audio files to follow this unique method gradually. Please visit our website at:

http://aprendeis.com/spanish-audio3/
The username is "spanish"
The password is "spanish113017"

Just download the Zip File and you are ready to start your learning experience.

If you want to share your experience, comments or possible question, you may always reach me at info@aprendeis.com

Remember:

Reviews can be tough to come by these days, and you, the reader, have the power to make or break a book. If you have the time, share your review or comments with me.

Thank you so much for reading Teach Yourself Spanish and for spending time with me.

In gratitude,
Dr. Yeral E. Ogando

Verb List – Listado de verbos

Abandonar – abandon / leave   Abordar - board
Abrazar – hug   Abrir – open
Abrirse – open oneself
Abrochar - fasten / buckle
Abrogar – abrogate   Absorber - absorb
Aburrir – bore   Acabar – finish
Acelerar – speed / accelerate   Aceptar – accept
Acercar – get close / approach   Aclarar – clear
Acompañar – accompany
Aconsejar- advice / counsel
Acordar - agree   Acordarse – remember
Acostarse – lay down / go to bed
Acostumbrar – get used to   Acusar – accuse
Adornar – adorn / decorate
Adquirir – acquire / get   Afectar – affect
Afeitarse – shave oneself   Afirmar – affirm
Agitar – agitate / shake   Agradecer – thank
Agregar - add   Ahogar – drown
Ahorrar – save   Alegrarse- get happy
  Aliviar – relieve / feel better
Almorzar –have lunch   Alquilar – rent
Alternar – alternate   Amar – love
Analizar – analyzet   Anclar – anchor
Andar – walk   Aniquilar – annihilate / kill
Anunciar – announce   Añadir – add
Añejar – age   Apagar – turn off
Apasionar – get passionate

147

Apetecer – like / want

Aplaudir – Applaud

Aportar – add

Apoyar – support

Aprobar - approve

Apuntar – aim

Arrancar – start / snatch

Arrepentirse – regret

Arribar – arrive

Asar – roast

Asegurar – assure

Asesinar – assassinate / kill

Asignar – assign

Asistir – assist / attend

Atacar – attack

Atemorizar – frighten

Aterrorizar – horrify

Atreverse – dare

Atribuir – attribute

Avergonzar – ashamed

Averiguar – find out

Avinagrar – sour

Ayudar – Help

Bailar – dance

Bajar – get down

Bañarse – take a bath

Basarse – base on

Bendecir – bless

Besar – Kiss

Bordar – embroider

Borrar – delete

Brindar – offer

Buscar – search / find

Caber – fit in

Calentar – warm up

Calificar – qualify

Cambiar – change

Caminar – walk

Cansar – get tired

Cantar – sing

Capacitar – capacitate / educate / form

Cargar – carry

Casarse – get married

Castigar – punish

Celebrar – celebrate

Cenar – have dinner

Cepillarse – brush oneself

Cerrar – close

Cerrarse – close oneself

Chequear – check in / verify

Chocar – hit / crash

Citar – cite

Clasificar – classify

Cobrar – collect / charge

Cocinar – cook

Colgar – hang up

Colocar – place

Teach Yourself Spanish Level Three

Colorear – color
Combinar – combine / match
Comenzar – start   Comer – eat
Cometer – commit   Compartir – share
Comprar – buy / purchase
Comprender – understand / comprehend
Concluir – conclude   Concursar – contest
Condenar – condemn
Conducir – conduct / drive / lead
Confeccionar – confectionate   Confesar – confess
Confiar – trust / confide
Confirmar – confirm
Confundir – confuse   Conjugar – conjugate
Conocer - meet / know   Conquistar – conquer
Consagrar – consecrate
Conseguir – get / obtain
Conservar – keep / preserve
Considerar - consider
Consolidar – consolidate
Constituir – constitute
Construir – construct / build
Contagiar – infect / spread
Contar – count / tell / say
 Contentarse – hold oneself
Contestar – answer   Contribuir – contribute
Convencer – convince
 Convenir – agree / convene
Convertirse – become   Corregir – correct
Correr – run
Corresponder – correspond
Corroer – eat away   Corromper – corrupt
Cortar – cut   Cortejar – court a person

Coser – sew　　　　　　　Costar – cost
Crear – create　　　　　　Creer – believe
Criar – raise / bring up　　Criticar – criticize
Cruzar – cross　　　　　　Cubrir – cover
Cuidar – take care / protect　Cultivar – cultivate
Cumplir – fulfill / accomplish / proceed
Danzar – dance　　　　　　Dañar – spoil / hurt
Dar – give　　　　　　　Deber – owe / should
Decaer – decay　　　　　Decidir – decide
Decir – say / tell　　　　Declarar – declare
Decorar – decorate　　　Dedicar – dedicate
Defender – defend　　Defenestrar - defenestrate
Defraudar – let down / disappoint
Degustar – taste　　　　Dejar – leave
Deleitar – delight　　　Depositar – deposit
Deprimir – depress　　　Derrotar - defeat
Desayunar – have breakfast　Descansar – rest
Descender – descend　　Desconocer – unknown
Descuidar – neglect　　　Desear – wish
Desechar – reject
Despedirse – farewell / say goodby
Despegar – take off　　Despertarse – wake up
Desteñir – undyed / fade　Destituir – destitute
Destrozar – destroy / break　Destruir – destroy
Desvestirse – undress　Determinar – determine
Diezmar – tithe – lower down
Diluir – dilude / water
Dirigir – lead / conduct / direct
Discernir – discern
Discutir – argue / discuss　Diseñar – design
Disfrutar – enjoy　Disminuir – diminish / lessen
Distinguir – distinguish　Distraerse – distract

Teach Yourself Spanish Level Three

Distribuir – distribute

Divertirse – have fun

Doler – ache / pain / sore

Dormir - sleep

Dormirse – fall asleep

Ducharse – take a shower

Durar – last

Edificar – edify / build

Educar - educate

Ejercer – exercise / exert

Elaborar – elaborate

Emocionarse – get excited

Empacar – pack / make the luggage

Empaquetar – pack

Empeorar – get worse

Emular – emulate

Enamorarse – fall in love

Encaminar – route

Encantar – love /enchant

Encerrar – lock down / imprison

Encontrar – find

Enderezar – straighten

Enfermarse – get sick

Enfriar – get cold

Engalanar - be gallant / adorn

Engordar – gain weight / get fat

Enjuagar – cleanse / rinse

Enojarse – get angry

Enraizar – root

Ensartar – string

Enseñar – teach

Enterrar – burry

Entrar – get in

Entregar – deliver / surrender

Entreoír – half hear

Entresacar – select

Enviar – send

Envolver – wrap up

Equivocarse – get mistaken / be wrong

Escoger – choose / select

Escribir – write

Escuchar – listen

Esgrimir – wield

Esperar – wait / hope

Estacionar – park

Estar – be

Estimular – stimulate

Estudiar study

Exigir – demand

Exiliar – exile

Existir – exist

Explicar – explain

Exterminar – exterminate

Extrañar – miss

Fabricar – manufacture / make

Fallecer – die / decay

Faltar – misss / lack

Fascinar – fascinate

Favorecer – favor

Fermentar – ferment

Fiarse - trust

Firmar – sign

Flotar - float

Formar – form / educate

Fortalecer / strengthen

Freír – fry

Fumar – smoke

Gastar - spend

Germinar - germinate

Gloriarse – boast / glorify oneself

Gozar - enjoy

Graduarse - graduate

Gritar – scream

Guardar – save / keep

Guarnecer – garnish

Guiar - guide

Gustar - like

Haber – exist (there is /are)

Habitar – dwell / live

Hablar – speak / talk

Hacer – do / make

Hallar – find / locate

Herir – hurt / injure

Huir – runaway / flee

Imaginar – imagine

Impedir – prevent / impede

Importar - care

Impresionar - impress

Imprimir - print

Incluir - include

Incorporar

incorporate / embody

Independizar

wean / become independent

Influir - influence

Informar - inform

Insistir – insist

Inspirar - inspire

Interactuar – interact

Interesar - interest

Interrumpir – interrupt

Intervenir - intervene

Intimar

intimate / get acquainted

Introducir / introduce / put in

Intuir - sense

Invertir – invest / invert

Ir - go

Irse – go away

Jugar - play

Juntar – join / gather

Jurar - swear

Ladrar – bark

Lanzar - throw

Lavar – wash

Leer - read

Teach Yourself Spanish Level Three

Levantarse – get up   Liberar – set free
Libertar – free / set free   Lidiar - deal
Limitar – limit   Limpiarse – clean oneself
Llamar – call   Llegar - arrive
Llenar – fill   Llevar - take
Llover – rain   Lograr – achieve / accomplish
Lucir – shine   Maldecir - curse
Mandar - send / order
Manejar - handle / drive
Mantene - keep / support
Manufacturar - manufacture
Maquillar -make up
Maravilla – wonder   Marcar - mark / dial
Marchar - march / leave
Mejorar - improve / get better
Memorizar – memorize   Menguar - lessen
Mentir – lie   Meter – put in
Mezclar – mix   Mirarse – look
Mojar – wet   Molestar - bother
Montar – ride / climb   Morir - die
Mover - move   Mudarse – move house
Nacer – born   Nadar – swim
Necesitar – need   Negar – deny
Nevar - snow
Observer – observe / watch   Obstruir - obstruct
Obtener – get / obtain   Obviar - obviate
Ocuparse – take care of / get busy
Ocurrir – happen / occur   Ofrecer - offer
Ofrendar – an offering   Oler - smell
Olvidarse - forget   Operar - operate
Oprimir – oppress   Orar - pray
Ordenar – order / command

Organizar – organize

Parar – stop

Partir – leave / depart

Pasear – take a walk

Pedir – ask

Peinar – comb

Perdonar – forgive

Perfeccionar - perfectionate

Permitir - allow

Perseverar – persevere

Pesar – weight

Picar – chop / bite / sting / eat

Pigmentar – pigment

Pisar – step on

Plasmar – capture / embody

Poder – can / be able

Ponerse – put on

Poseer - possess

Preferir – prefer

Premiar – reward

Prender – turn on / light on

reocuparse - worry

Preparar – prepare

Presenter – present / introduce

Preservar – preserve

Probar – taste / try on

Proclamar – proclaim

Promocionar – promote

Proteger - protect

Provenir – come from / proceed

Quedarse – take off

Quitar - take

Pagar – pay

Pararse – stand up

Pasar – pass / happen

Pecar – sin

Pegar – hit / stick

Perder – lose

Perecer – seem

Perseguir - persecute

Pertenecer - belong

Pescar - fish

Pintar – paint

Poner – put

Portar - carry

Practicar – practice

Preguntar – ask

Presumir – show off

Proceder - proceed

Procrear - procreate

Propiciar - propitiate

Proveer – provide

Querer - want

Realizar – perform / carry out

Teach Yourself Spanish Level Three

Rebajar – lower / reduce

Rebosar - overflow

Recaer – relapse

Rechazar - reject

Recibir – receive

Recluir – imprison / seclude

Recoger – pick up

Recolectar - gather

Recomendar – recommend

Reconocer – recognize

Recordar – remember

Recorrer – travel / walk

Reducir – reduce

Refinar – refine / polish

Regalar – give away

Regresar – come back

Relacionar – relate

Relatar – tell

Releer – read again

Rellenar - refill

Rememorar – remembering / recall

Reposar – rest

Requerir - require

Reservar – reserve

Resistir - resist

Responder – respond

Retardar - delay

Retirar – withdraw

Reunirse – meet / gather

Revivir - revive

Rezar - pray

Rodear – surround

Romper – break - crack

Roncar – snore

Saber - know

Sacar – take out

Salir – go out

Salpicar – splatter / sprinkle

Saludar – greet / salute

Salvar – save

Sanarse – get well / recover

Satisfacer – satisfy

Secarse – get dry

Seguir – follow

Seleccionar - select

Sembrar – seed / plant

Sentarse – sit down

Sentir – feel

Señalar – point at

Ser - be

Server – serve

Solicitar - apply

Sonar – sound

Sonreír – smile

Sonrojar – blush

Soñar – dream

Soportar – support / endure / bear

Sorber – sip / suck

Sorprender – surprise / catch

Subir – go up

Suceder - happen

Sugerir – suggest

Supervisar - supervise

Suponer - suppose / assume

Suspender – suspend / cancel

Sustituir – substitute

Tallar - shape

Tapar – cover

Temer - fear

Tener - have

Teñir – dye / tint

Terminar – finish / terminate

Tocar – touch / play

Tomar – take / drink

Torcer – twist/ distort

Toser - cough

Traer - bring

Traficar – traffic

Traicionar – betray

Transcriber – transcribe

Transferir – transfer

Trasladar – move / transfer

Triturar – triturate / crush

Tropezar – stumble

Usar – use

Utilizar – use / utilize

Vaciar –empty / vacant

Valer – worth

Valerse – stand up for oneself

Variar – change

Vencer - win

Vender – sell

Venir - come

Ver – see / watch

Vestirse - get dressed

Viajar – trave

Violar – violate / rape

Visitar – visit

Vivenciar - experience

Vivir – live

Volar – fly / blow

Volver – come back / return

Exercises' answers – Respuesta de los ejercicios

Lesson 1.

1　Habría vendido todos mis bienes.

Habría hablado con mis abogados

Me habría mudado con mi familia

Habría enviado mis hijas a una escuela pública.

Habríamos dejado la buena vida.

2　habría saltado

habría estudiado

habríamos bebido

habrían comprado

habrían conducido

3　te

le

nos

le

te

4　Me habría gustado la astronomía

Nos habría gustado la arquitectura

Habríamos estudiado pintura

Habrías aprendido zoología

Lesson 2.

1　Yo había hablado contigo.

Nosotros habíamos estudiado para el examen.

Ellas habían ido al curso de belleza.

2　¿con quién habías hablado?

¿Dónde había estado Ana?

¿Qué había hecho los chicos de la vecina?

¿a qué hora habíamos llegado nosotros?

¿Cuándo habías comenzado a trabajar?

3   Ella no está segura de sí misma.

Puedes valerte por ti mismo.

Estoy orgulloso, Cada uno piensa en sí mismo

4   Contigo mismo

Nosotras mismas

Ellos mismos

Lesson 3.

1   Habla rápido que no tengo paciencia.

2   Nade rápido que no tenemos todo el día

3   Abramos la puerta ahora mismo

4   Coman bien, que no hay más comida

5   Vete de aquí

No vaya a hablar

Vamos a trabajar

Vayan a caminar

No vayan a beber

6   Péinate bien el cabello

Péinese antes de salir

Peinémonos bien.

Péinense con el peine rojo

7   No se lo digas a mamá

No me hables así

8   Come un poco más

Vete más despacio

9   Ponte el cinturón

Agítese antes de usar

10 ¿Puedes traerme agua, por favor?

Si, puedo.

No, no puedo.

Lesson 4.
1   Ella quieres que yo hable contigo.
Mi papá quiere que estudiemos juntos.
Mis hermanas quieren que nos casemos.
2   hablen
coma
empiecen
sepamos
3   Es imperativo
Es importante que.
Es necesario.
4   coma hoy
ella no haya venido
ellos no hablen español
ustedes sepan la verdad
no sepan lo que pasó
5   En mi habitación tengo un Gavetero color blanco, una cama muy cómoda, el cubrecama es negro, las lámparas están en ambos lados, el closet y el baño están juntos y mis almohadas son muy suaves.

Lesson 5.
1- ¿Por qué quería ella que yo comiera carne?
    Porque ella quería que probaras tu sazón.
¿Por qué querías que yo cocinase arroz?
Porque quería que mi hermana probase tu sazón.
2- ¿Por qué querías que ella haya paseado al perro?
    Porque quería que el perro hay defecado.
¿A qué hora querías que ella se haya despertado?

Quería que ella se haya despertado a la 7 am.

3- ¿Por qué no querías que hubiera caminado tanto?

Porque no quería que te hubieras cansado mucho.

¿Qué te hizo pensar que ella hubiese viajado mucho?

Porque ella siempre habla lo que hubiese hecho, si hubiera tenido más tiempo.

4- Dudo que ellas hubieran ido al cine.

5 me sorprende que la hubieras amado tanto

6 esperaba que hubiéramos oído la conversación

En el hospital podemos encontrar al dentista que usa, alcohol, aspirinas y en la farmacia podemos encontrar tampones para las mujeres, un laxante para el estreñido, un desinfectante para lavarse las manos y un repelente para matar los mosquitos.

Lesson 6.

1 **Sí corres** *rápido, te* **caes**

Sí no comes, te **enfermas**

Puedes sanarte **sí tomas** *tus medicamentos*

Sí comes, debes beber

Sí corres rápido, te **cansas**

2 *Sí vienes* mañana, **iremos** a pescar

No iré a la escuela mañana, **sí llueve**

3 *Sí pudiera* trabajar, te **compraría** un carro

Sí fuera tú, **aprendería** español

4 Si hubiera Ganado la lotería yo hubiera comprado el carro del año, hubiera viajado a todos los países y hubiera comida pasta italiana.

5 **Salvajes**: Zorro, Rinoceronte, Tigre, Puercoespín.

Marinos: Ballena, Delfín, Foca

Granja: Venado, Vaca, Toro, Oveja, Conejo, Cerdo, Cabra, Buey

Domésticos: Caballo, Camello, Elefante, Gato, Perro.

Lesson 7.

1 *Cuando **hubieron salido,** empezamos a llorar*

*Después de que **hubimos comido,** fuimos a la tienda.*

Apenas **hube terminado** cuando ella llegó

*2 No creo **que hablare** el presidente*

*No creo **que comieren** los muchachos*

*No creo **que comieren** las muchachas*

3 *Es posible que ellos **hubieren dormido** por 5 días.*

*Tú hubieras dormido si **hubieres tenido** la oportunidad.*

*No creemos que **nosotros hubiéremos comprado** un carro.*

Es usado cuando nos referimos a una acción en el pasado que ocurrió justo antes de otra acción en el pasado.

Describe acciones hipotéticas y futuras

Es usado para indicar acciones que habrán pasado en el futuro en cierto momento.

Después de que, tan pronto como, en cuanto, luego que, no bien.

Que yo hablare
Que tú hablares
Que usted hablare
Que él o ella hablare

Que nosotros hablaremos
Que ustedes hablaren
Que ellos (as) hablaren

Que yo hubiere cantado
hubiéremos cantado
Que tú hubieres cantado
hubieren cantado
Que usted hubiere cantado
hubieren cantado
Que él o ella hubiera cantado

Que   nosotros

Que   ustedes

Que   ellos   (as)

Águila, Avestruz, Buitre, Canario, Cisne, Flamenco, Ganso, Gaviota, Halcón, Paloma-
Abeja, Araña, Avispa, Chinche, Ciempiés, Cucaracha, Escarabajo, Escorpión, Grillo, Hormiga.

Other books written by Yeral E. Ogando

The Hero Within
Volume One
Awareness
Yeral E. Ogando

El Héroe Dentro de Ti
Volumen Uno
Conciencia
Yeral E. Ogando

The Hero Within
Volume Two
Power
Yeral E. Ogando

The Hero Within
Volume Three
Adventures
Watch for this one next
Yeral E. Ogando

Yeral E. Ogando comes from a very humble origin and continues to be a humble servant of our Lord Almighty; understanding that we are nothing but vessels and the Lord who called us, also sends us to do His work, not our work. Luke 17:10 "So likewise ye, when ye shall have done all those things which are commanded you, say, We are unprofitable servants: we have done that which was our duty to do."

Mr. Ogando was born in the Caribbean, Dominican Republic. He is the beloved father of two beautiful girls "Yeiris & Tiffany"

Jesus brought him to His feet at the age of 16-17. Since then, he has served as Co-pastor, pastor, Bible School teacher, youth counselor, and church planter. He is currently serving as the Secretary for the Dominican Reformed Church as well as the liaison for Haiti and USA.

Fluent in several languages Mr. Ogando is the Creator and owner of an Online Translation Ministry operating since 2007; with Native Christian translators in more than 25 countries.

(www.christian-translation.com),

The most exciting thing about his Translation Ministry is that thousands of people are receiving the Word of God in their native language on a daily basis and hundreds of ministries are able to reach the world through the work of Christian-Translation.com along with his translation network of 17 websites in different languages related to Christian Translation.

www.ingramcontent.com/pod-product-compliance
Lightning Source LLC
Chambersburg PA
CBHW071451070426
42452CB00039B/1033